MÉTHODE DE FRANÇAIS

Dr. Farida Irani
Associate Professor
Deptt. of Germanic & Romance Studies
University of Delhi

GOYAL Publishers & Distributors Pvt. Ltd.
www.goyalsaab.com

PETITS PAS Vers le Français

This Reprint : 2020
First Edition : 2009
2nd Edition : 2010
3rd Edition : 2012
Reprinted : 2013, 2014, 2015, 2016, 2018

Branches:

GOYAL Foreign Language Book Shop

Delhi: 7/22, Ansari Road (GF), Daryaganj, New Delhi-110002
Phones: 011 - 43597134, 09650597001, goyal@goyalsaab. com
Chennai: 142, Continental Chambers, M. G. Road, Nungambakam, Chennai-600034
Phones: 8939546515, 09842624989, goyal@goyalsaab. com
Kolkata: P-7, CIT Road, Entally, Scheme-52, Kolkata-700014
Phones: 033 - 22866542, 09830141141, ocmbooks@hotmail. com
Ahmedabad: C/0 Alliance Française d'Ahmedabad, B/s Food Corporation of India, Himali Tower Lane, Manekbaug
Shyamal Road, Satellite, Ahmedabad-380015 Phones: 9179-26733800
Sanskaar Books, C/o WordSearch, Shop No. 6, Satyam Status
Near Chandan Party Plot, Ramdevnagar, Satellite, Ahmedabad-380015
Phones: 079 – 40061910, 09825479247, sanskaarbooks@yahoo. com
Chandigarh: C/0 Alliance Française de Chandigarh
Next to Hibiscus Garden, Sector - 36 A, Chandigarh -160036
goyalpublisher@gmail.com

Der Buchladen at MMB

New Delhi: 3 Kasturba Gandhi Marg, New Delhi- 110001
Phones: 011 – 23358534, 23329506, goyal@goyalsaab. com
Pune: 14/3B Boat Club Road, Pune-411001
Phones: 020-26161340, 09762168020, pune@goyalsaab. com
Patna: German Language Centre, Sahdeo Siya Sadan, 45-B, Sahdeo Mahto Marg,
S. K. Puri, Patna-800001
Phones: 0612-3261649, 09470444757

Published by **Ashwani Goyal** for:

GOYAL Publishers & Distributors Pvt. Ltd.
86, U. B. (University Block) Jawahar Nagar, Delhi-110007
Tel. : 23858362, 23852986, 9650597000 Fax : 23850961
E-mail : goyal@goyalsaab. com Website : www. goyalsaab. com

Project Coordinator: Vini Goyal

Design by: GOYAL Publishers & Distributors Pvt. Ltd.

Printed in India

Acknowledgements

A special thanks to all the members of the Service de Coopération et d'Action Culturelle, L'Ambassade de France en Inde for their encouragement, continued support and valuable suggestions. Thank you to Sarah Beaumard, Yassine Ben Yaâkoub, Ipshita-Pauline Singh and Anmol-Paul Singh for helping us with the recording. Last but not the least we are grateful to all the school teachers who have read the final draft and have offered us their precious feedback and constructive criticism.

FOREWORD

The text book **Le Nouveau PETITS PAS 3** has been designed to promote a communicative and interactive approach to language learning and teaching. Pictures and texts most of which reflect today's French culture and society have been chosen to arouse the curiosity of the learner and motivate him to continue his study of the language.

Le Nouveau PETITS PAS 3 strictly observes the need based progression of essential grammatical patterns which is the key note of the new approach .

This book has been written for adolescents who have completed 200-250 hours of French. It comprises of the following : • A student's book • A workbook • A CD-ROM
The study material covers 100-120 hours of actual classroom activity. They develop both written and oral skills.

I would like to place on record my heartfelt appreciation for the author's sincere efforts on taking up this project and for its successful completion.

I wish GOYAL Publishers and Distributors (P) Ltd. every success in their new venture of producing good quality material adapted to the Indian context at an affordable price.

Prof. A.V. Parasnis
Professor of French (Retd.) & Ex-HOD
Department of Germanic and Romance Studies
University of Delhi
Project Director: Entre Jeunes (CBSE Textbook)

Avant-Propos

L'enseignement d'une langue étrangère contribue à la formation d'un apprenant et lui permet de se confronter à autrui, de découvrir et d'accepter d'autres habitudes. Le Nouveau Petits Pas 3 s'adresse à des adolescents ayant fait entre 200-250 heures de français. Cette méthode favorise l'interactivité et vise l'acquisition des savoir faire communicatifs, linguistiques et culturels.

Le Nouveau PETITS PAS 3 s'appuie sur le fait que les connaissances préalables dans d'autres domaines (autres langues, autres matières) d'un apprenant et son expérience du monde sont aussi utiles pour aborder l'apprentissage du français et l'encourage de s'en servir. Conçue à partir de supports variés, elle reflète les intérêts et les préoccupations de son public.

Le matériel pédagogique est prévu pour 100-120 heures d'activités en classe. Il est composé

- d'un livre de l'élève
- d'un cahier d'exercices
- un CD audio

Mode d'emploi

Le livre d'élève comprend 8 leçons. Il développe principalement les compétences orales et écrites L'apprenant découvre le thème d'une leçon à travers

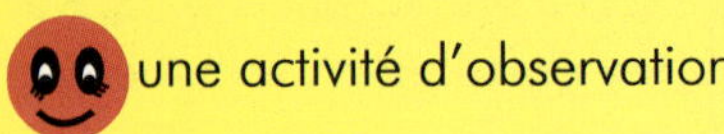 une activité d'observation  une activité d'écoute  une activité de lecture

Chaque leçon représente une progression vers une pratique de la langue de plus en plus autonome.

A partir de discours oraux/écrits on demande à l'apprenant de réfléchir et d'analyser le fonctionnement d'une structure. Ce travail de réflexion l'aide à mieux déduire et à comprendre des règles de grammaire.

L'image joue un rôle important. Par des mises en relation avec des photos et à travers des énoncés en contexte l'apprenant part à la découverte du lexique.

Les activités de production orale sont variées : les jeux de rôles, des présentations, des échanges.... De plus, à partir de chansons et de poèmes enregistrés sur le CD audio qui accompagne le livre de l'élève les apprenants peuvent se rendre compte de la musicalité et de la bonne prononciation de la langue française.

L'accent est mis sur des faits culturels, des représentations et des modes de vie dans le monde français et francophone. L'apprenant est amené à faire des commentaires et des comparaisons interculturelles en s'appuyant sur ces données de l'ordre culturel.

La réalisation des activités de compréhension et de production orales et écrites encourage des interactions fréquentes entre les apprenants soit en binôme, soit en petits groupes ou en groupe classe.

A la fin de chaque leçon, ainsi qu'au milieu et à la fin du livre de l'élève se trouvent des exercices de systématisation et des activités de compréhension et d'expression.

A la fin du livre on trouve des outils complémentaires :

- un bilan grammatical qui développe les explications grammaticales et que l'apprenant peut consulter à tout moment de son apprentissage
- un tableau de conjugaisons
- des transcriptions des documents sonores.
- Mon petit dictionnaire constitué des mots qui se trouvent dans les leçons.

Pour encourager l'apprenant à gérer son apprentissage une page blanche est prévue à la fin du dictionnaire où l'apprenant peut noter des nouveaux mots qu'il apprend.

Les contenus des leçons sont repris et complétés par le cahier d'exercices qui en suit la progression. Des exercices d'entraînement reprennent systématiquement le contenu grammatical et lexical de chaque leçon. Leur corrigé en classe permet à l'enseignant de vérifier les savoirs et les savoir-faire. Les apprenants peuvent aussi vérifier leurs réponses à l'aide des corrigés qui se trouvent à la fin du cahier.

En conclusion, **Le Nouveau PETITS PAS 3** essaie de mettre l'apprenant en contact avec la langue et la culture française telle qu'elles sont dans la réalité et de développer son autonomie.

TABLE DES MATIÈRES

lis

écris

observe

écoute

parle

Leçon 1

Quelle heure est-il?

Il est six heures
(6h)

Il est six heures dix
(6h10)

Il est six heures et quart
(6h15)

Il est six heures et demie
(6h30)

Il est sept heures moins le quart
(6h 45)

Il est sept heures moins cinq
(6h 55)

Il est midi

Il est minuit

Activité 1: Dessine l'heure.

Il est 9h 05

Il est 3h

Il est 1h 15

Il est 11h25

Il est 4h30

Il est 8h 45

Activité 2: Dis l'heure.

....

....

....

....

....

....

Il est	L'heure officielle	L'heure dans la conversation
6h	six heures	six heures **(du matin)**
11h10	onze heures dix	onze heures dix
12h	douze heures (midi)	midi
12h30	douze heures trente	midi et demi
16h15	seize heures quinze	quatre heures et quart
17h45	dix-sept heures quarante-cinq	six heures moins le quart
20h	vingt heures	huit heures **(du soir)**
0h	zéro heure	minuit
0h 30	zéro heure trente	minuit et demie

 Activité 3: L'agenda de Lucie

Ecoute le dialogue, puis remplis l'agenda de Lucie comme dans l'exemple.

JANVIER

	SAMEDI	DIMANCHE
8h		
9h		
10h	Partir à la campagne 	
11h		
12h		
13h		
14h		
15h		
16h		
17h		
18h		
19h		
20h		

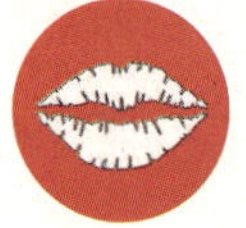

Activité 4: Jeu de rôle

Sur l'agenda donné ci-dessous, note ton programme de week-end.
Puis, discute-le avec ton voisin.

JANVIER

	SAMEDI	DIMANCHE
8h	....	....
9h	....	....
10h	....	....
11h	....	....
12h	....	....
13h	....	....
14h	....	....
15h	....	....
16h	....	....
17h	....	....
18h	....	....
19h	....	....
20h		

Activité 5: Qu'est-ce qu'ils regardent ?

Consulte le programme télé du soir sur trois chaînes françaises.

TF1	france 2	france 3
16:35 New York : police judiciaire *Series-TV Policier (50 mn)*	**16:05** Le Renard *Series-TV Policier (1h)*	**16:25** Duo de maîtres *Series-TV Policier (50 mn)*
17:25 Les frères Scott Series-TV Autre (50 mn)	**17:05** Enquête de preuves *Series-TV Policier (45 mn)* 17:50 Sudokoo Divertissement Emission TV (5 mn)	**17:15** C'est pas sorcier *Jeunesse Emission TV (30 mn)* **17:45** Un livre, un jour
18:15 Secret Story *Divertissement Emission TV (50 mn)*	**17:55** Rex *Series TV Policier (1h)*	**17:50** Des chiffres et des lettres *Divertissement Emission TV (35 mn)* 18:25 Questions pour un champion *Divertissement Emission TV (25 mn)*
19:05 La roue de la fortune *Divertissement Emission TV (45 mn)*	**18:55** Service maximum *Culture-Infos Société (55 mn)*	**18:50** Météo *Culture-Infos Informations (5 mn)* 18:55 19/20 : Edition nationale
19:50 Que du bonheur *Series-TV Autre (5 mn)*	**19:50** Les 10 ans du Cabaret *Divertissement Emission TV (5 mn)*	**19:00** 19/20 : Edition régionale et locale 19:05 19/20 : Journal régional
19:55 Météo	**19:55** Météo	**19:30** 19/20 : Journal national 19:55 19/20 : Supplément régional et local
20:00 Journal	**20:00** Journal	**20:05** Météo *Culture-Infos Informations (5 mn)*

Maintenant remplis la grille ci-dessous :

	Il/elle regarde	sur la chaîne	à
Laurent aime les jeux de maths	Sudokoo	France 2	17h 50
Il ne fait pas beau aujourd'hui. Henri part à la campagne demain.			
Mme. Viricel aime beaucoup lire.			
Monsieur Lelouch s'intéresse aux événements locaux			
Emile aime participer au quiz			
André veut devenir détective			
Et toi ?			

Activité 6

L'horloge et le réveil

Tac tac tac tac fait la grosse horloge
Tic tic tic tic répond le réveil.
Tais-toi, tais-toi dit la vieille horloge
Jamais, jamais s'écrie le réveil.
Tac tac tac tac mon heure est précise
Tic tic, tic tic, tu retardes un peu.
Tais-toi, tais-toi je suis dans l'église
Jamais, jamais, ton clocher est vieux.
Tac tac tac tac réveille le monde
tic tic tic tic égrène les heures.
Tais-toi, tais-toi entends, ma voix gronde
Jamais, jamais car je n'ai pas peur.

www.momes.net

Tu as l'heure ?

Choisis la bonne réponse

1. L'horloge
a. est à l'heure
b. est en retard
c. est en avance

2. L'horloge se trouve
a. dans la maison
b. dans l'église
c. sur le mur

3. « égrener les heures »veut dire
a. sonner l'heure en continu
b. sonner l'heure une par une
c. ne pas sonner l'heure

4. Le réveil et l'horloge
a. ne s'aiment pas
b. s'aiment
c. sont indifférents l'un à l'autre

5. Le réveil
a. est terrifié par l'horloge
b. n'est pas terrifié par l'horloge
c. je ne sais pas.

Leçon 2

Tu te réveilles à quelle heure ?
Je me réveille à 7h.

Il se réveille à 7h.

Elle se réveille à 7h.

La journée d'Émilie

Activité 1: Observe, puis complète la grille

S'habill**er**	**Se** repos**er**	**Se** couch**er**
Je **m**'habill**e**		
	Il **se** repos**e**	
		Vous **vous** couch**ez**

La famille toute-télé
Lis le texte ci-dessous

Chez nous, toute la famille regarde la télé mais rarement les mêmes programmes. Le matin, à 7h 30, les enfants prennent le petit déjeuner devant le petit écran : ils regardent une émission pour les jeunes jusqu'à 8 heures, et ma femme et moi nous nous préparons tranquillement.

Après l'école, les enfants se reposent une demi-heure devant la télé avec les dessins animés et le soir, ils se couchent tôt. Avec ma femme, on regarde le journal de 20 heures.

Après le choix est difficile parce que, moi je suis un fanatique de foot et ma femme, elle, adore regarder les films.

Activité 2: Vrai ou faux

1. Les parents et les enfants regardent différents programmes. ☐
2. Les enfants regardent la télé avant l'école. ☐
3. Les enfants vont au lit avant 20h. ☐
4. À la télé, le match de foot est après le journal. ☐

Activité 3: Cherche dans le texte:

1. Un autre mot pour «programme de télé» : ....
2. Un autre mot pour «la télé» : ....

Activité 4: Choisis la bonne réponse

1. « Se préparer tranquillement » veut dire
   a. prendre son temps pour s'habiller.
   b. s'habiller vite.
   c. s'habiller rapidement.

2. « Etre un fanatique de foot » veut dire
   a. ne pas aimer le football.
   b. aimer beaucoup le football.
   c. aimer peu le football.

3. Dans le journal de 20h on a
   a. les jeux.
   b. les informations.
   c. les dessins animés.

Activité 5: Raconte la journée d'Émilie. Observe puis complète comme dans l'exemple

Émilie **(se réveiller)**

7h Émilie se réveille ....

Elle **(se lever)**

Elle se lève ....

Elle **(se brosser)** les dents.

....

La journée d'Émilie

Elle **(prendre)** une douche.

....

Elle **(s'habiller)**

....

Elle **(prendre)** son petit déjeuner.

7h 45 ....

Elle **(aller)** à l'école

8h ....

Elle **(avoir)** des cours

8h 45 ....

Elle **(déjeuner)** à la cantine

12h ....

Elle **(rentrer)** à la maison

16h ....

Elle **(faire)** ses devoirs

16h 45 ....

Elle **(se promener)** avec son chien

Elle se promène avec son chien.

Elle **(regarder)** la télé

19h ....

Elle **(dîner)**

20h ....

Elle **(se coucher)**

21h ....

Activité 6: Pose des questions à ton voisin et note les réponses.

a. A quelle heure tu te réveilles ?

....

....

b. Quand prends-tu le petit déjeuner ?

....

....

c. A quelle heure tu vas à l'école ?

....

....

d. A quelle heure commencent les cours ?

....

....

e. A quelle heure finissent les cours ?

....

f. Qu'est-ce que tu fais le soir ?

....

g. A quelle heure tu te couches ?

....

....

Activité 7: À partir des réponses notées, raconte la journée de ton voisin à la classe.

Activité 8: Observe, puis complète la grille suivante

Se lever	Se promener
Je me lève	
	Tu te promènes
Il se lève	
	Nous nous promenons
Vous vous levez	
	Elles se promènent

Activité 9: Remets le texte en ordre

La journée de Myriam, mère de Lucie

a. Après le dîner elle fait la vaisselle et son mari regarde la télé.
b. Tous les jours, elle va chercher les enfants à l'école vers 16h30.
c. Le soir, elle fait le ménage, elle range les chambres.
d. Chaque matin, elle prépare le petit déjeuner pour la famille.
e. Tous les matins, elle accompagne les enfants à l'école.
f. En général, l'après-midi, elle fait les courses au supermarché.
g. Elle se couche vers 23h.
h. Les enfants dînent vers 19h30.

Dépêche-toi ! Le bus va partir

Entrons vite !

Achetez vos billets s'il vous plaît !

Activité 10: Complète la grille ci-dessous

Infinitif	Impératif		
Entrer	Entre !	Entrons !	Entrez !
Acheter			Achetez !
Se dépêcher	Dépêche-toi !		

Attention !

Activité 11: Complète la grille ci-dessous

Infinitif	Impératif négatif		
Entrer	N'entre pas !	...... Entrons ...... !	N' ....pas !
Acheter		N'achetons pas !	
Se dépêcher	Ne te dépêche pas !	Ne nous dépêchons pas !	Ne vous dépêchez pas !

Les repas chez les Français.

La table et les couverts.

La journée d'Émilie

Voici les heures des principaux repas en France.

LE MATIN

7h Le Petit Déjeuner

Il comprend un bol de café, ou café au lait, thé ou chocolat; des tartines ou biscottes; des céréales; un jus de fruit. Les croissants sont réservés pour les dimanches et les fêtes.

Le café

Le thé

Le chocolat

Le bol de céréales

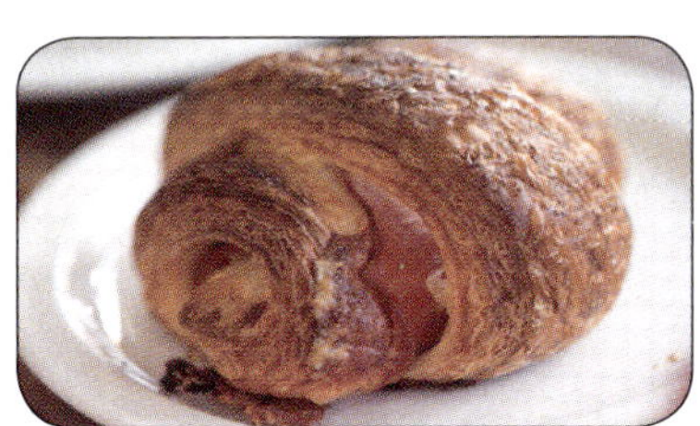

Le croissant

Le pain au chocolat

Les biscottes

Le jus de fruit

Le verre de lait

L'APRÈS-MIDI

12h Le déjeuner

« Un repas rapide », (un plat, un fromage ou un dessert) dans une cantine, au restaurant, dans un café ou un fast. « Les dimanches » et les jours de fête, c'est le repas principal.

Le repas rapide

La Salade de tomates

Du veau et des légumes

Le plateau de fromage

L'omelette

La terrine

Le pain

L'eau minérale

Le vin rouge

La journée d'Émilie

16 h Le goûter, le thé

Pour les enfants:

Le pain et le chocolat

Pour les gens qui rendent visite:

Le thé

Les petits fours

LE SOIR

19 h à 20 h Le Dîner (Le Souper dans certaines régions)

« Le repas familial »: du potage ou de la charcuterie; de la viande, des œufs, du poisson; des légumes; du fromage et un dessert.

La soupe (ou le potage)

La salade

La charcuterie

De la viande et des frites

Des légumes

Du poisson

Le plateau de fromage

La tarte aux pommes

Le dessert

Les Français aiment bien manger du pain frais. On achète du pain tous les jours.

Activité 12: Réponds aux questions suivantes :

a. Combien de repas prends-tu par jour?

....

b. Qu'est-ce que tu prends au petit déjeuner ? A quelle heure ?

....

c. Qu'est-ce que tu prends au déjeuner ? A quelle heure ?

....

d. Est-ce que tu prends ton déjeuner à la cantine de l'école ?

....

e. Est-ce que tu prends ton dîner devant la télé ?

....

f. Qu'est-ce que tu manges au dîner ?

....

g. Quel est ton dessert préféré ?

....

La journée d'Émilie

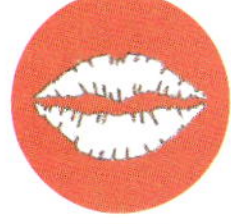

Activité 13: A l'aide des images ci-dessous choisis ce que tu manges.

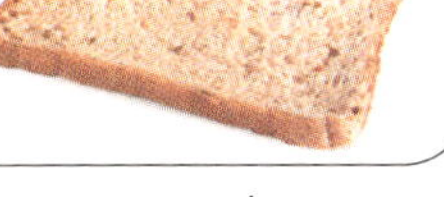

Le pain de mie

La baguette

Le croissant

Le pain au chocolat

Le miel

La confiture

Le beurre

Les céréales

Les boissons

Le chocolat chaud

Le café

Le lait

Le thé

Le jus de pomme

Le coca

Le jus d'orange

L'eau minérale

La restauration rapide

Le hamburger — Le sandwich — Les frites — La salade
Le croque monsieur — La quiche — La pizza — L'omelette

Les plats principaux

Le riz — Les pâtes — Les légumes — Le couscous
Le poulet — Le pot au feu — Les tomates farcies — Le gratin dauphinois

La journée d'Émilie

Au petit déjeuner je prends

Au déjeuner je prends

Au goûter je prends

Au dîner je prends

Leçon 3

(Le mois prochain, Lucie va recevoir sa correspondante mauricienne, Julie. Elle écrit une lettre à Julie)

Nice

Le Vieux Nice

Le marché aux fleurs

Nice

Nice, le 24 mai 20..

Chère Julie,

Je suis très contente d'apprendre que tu vas venir chez moi le mois prochain. Je suis sûre que nous nous amuserons bien. Quand tu arriveras à 5h à l'aéroport, mon père et moi, nous serons là pour t'accueillir. Nous irons d'abord à la maison et tu pourras te reposer.

Le soir, je te présenterai à ma meilleure amie. Elle viendra manger avec nous à la maison. Je pense que vous vous entendrez bien. Le lendemain, nous ferons une promenade dans la ville. Nous verrons la vieille ville avec ses ruelles et ses petites boutiques, nous nous promènerons sur le marché aux fleurs et aux légumes et nous goûterons une spécialité niçoise, la socca.

Et puis bien sûr, nous irons nous baigner tous les jours si tu le veux. Je pense que tu te plairas beaucoup à Nice. A bientôt et bon voyage.

Je t'embrasse,
Lucie.

La socca

Les pois chiches

La vendeuse de socca

La socca : Une galette fine faite à base de farine de pois chiches

Activité 1: Vrai ou faux

a. Lucie habite à Nice. ☐
b. Lucie et son père attendront Julie à l'aéroport. ☐
c. Le soir Julie dînera avec Lucie et sa meilleure amie. ☐
d. Les deux amies se promèneront dans Nice. ☐
e. Julie sera contente de son séjour à Nice. ☐

Activité 2: Complète les phrases avec un mot du texte.

a. Tout le monde est à l'aéroport pour .... l'équipe de football victorieuse.
b. Si tu es fatigué, va .... dans ta chambre.
c. Tous les soirs elle fait .... dans le parc.
d. Dans la vieille ville il n'y a pas de grandes rues mais ....
e. Dans ce restaurant, on mange .... de la région.

Activité 3: Observe, puis complète la grille

Goûter	S'amuser	Aller	Être	Faire	Venir	Voir
Je goûter**ai**						
	Tu t'amuser**as**					
		Il ir**a**				
			Elle ser**a**			
				Nous fer**ons**		
					Vous viendr**ez**	
						Ils verr**ont**
Elles goûter**ont**						

Activité 4: Mets les verbes entre parenthèses au futur comme dans l'exemple.

Projets des vacances

Cette année nous (aller) irons en Espagne pour deux semaines. Nous (réserver)............................ les chambres dans un hôtel près de la plage. Mes parents (visiter).................................. un peu la région. Ma sœur et moi, nous (jouer). .... au volley avec des amis. L'après-midi, nous (nager).......... .... dans la mer. Le soir nous (dîner)...................................... dans un restaurant. J' (apprendre).. un peu l'espagnol. Je t'(envoyer).. une jolie carte postale.

Activité 5: Aide Lucie à prendre de bonnes résolutions pour la nouvelle année comme dans l'exemple.

1. **Parler** plus gentiment avec mes parents

   Je parlerai plus gentiment avec mes parents.

2. **Faire** plus de sport

   ....

3. **Ranger** ma chambre tous les samedis.

   ....

4. **Se réveiller** tôt

   ....

5. **Etre** à l'heure à l'école.

   ....

Et toi ? Quelles seront tes résolutions pour l'année prochaine.

Activité 6: Ton/Ta correspondante français(e) viendra l'année prochaine en Inde. Ecris une lettre pour lui dire ce que vous ferez ensemble.

Activité 7: Fais correspondre les images dans la colonne «A» avec la description dans la colonne «B»

A Symbole	B Description
	Il y a du soleil
	Attention ! orages
	Il y a du brouillard
	Il neige
	Il pleut
	Des éclaircies
	Le ciel est couvert

Activité 8: Sur la carte de France ci-dessous avec votre professeur indique les villes/régions suivantes:

Les Alpes ● Le Centre ● La Corse ● Bordeaux ● Nantes ● Nice
Paris ● Perpignan

Activité 9: Ecoute le bulletin météo. Puis dessine les symboles du temps sur la carte de France que tu as préparée dans l'Activité 8

Activité 10: Pour aider Lucie et Julie à préparer la socca, écoute la recette à la radio et remets-la en ordre.

Ingrédients:

L'huile d'olive

Le sel

Le poivre

Une carafe d'eau

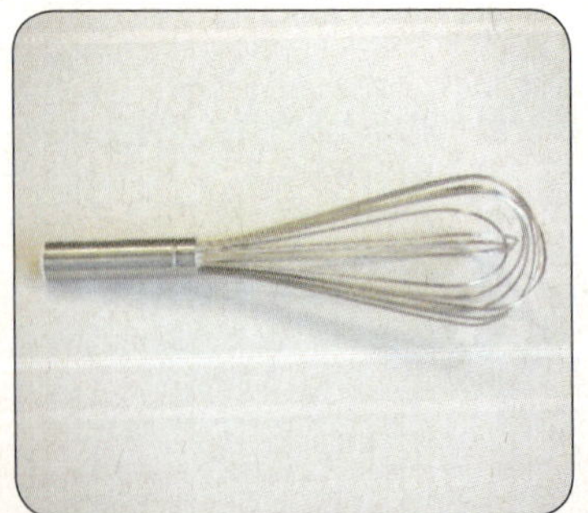

Un fouet

Un bol

Un filtre ou chinois

Opérations:

Mélanger

Verser

Mettre au four

1. Battez bien le mélange au fouet pour éliminer tous les grumeaux.
2. Laissez reposer quelques minutes;
3. Découpez en carrés, servez chaud.
4. Puis, passez au four à bois très chaud ou sous le grill à puissance maximale;
5. D'abord, préparez la pâte. Mélangez l'eau, l'huile, la farine, le sel et le poivre.
6. Ensuite, versez une fine couche de 2 à 3 millimètres sur une plaque enduite d'huile d'olive;
7. Filtrez au chinois.
8. Percez les bulles dès qu'elles se forment avec une fourchette;
9. Enfin, retirez du four dès qu'elle est bien dorée, avec même un peu de brûlé. Poivrez.

Activité 11: Rédige la recette d'une spécialité de ta région.

Leçon 4

Observe puis complète les phrases

Il va tirer

Il est en train de tirer

Il vient de tirer

Il va courir

....

....

....

Ils sont en train de nager

....

....

....

Elle vient de plonger

futur proche
aller + infinitif

présent progressif
être en train de + infinitif

passé récent
venir de + infinitif

Activité 1: Complète le texte avec «être en train de + infinitif»

Une vie mouvementée

C'est toujours la même chose : les enfants viennent me déranger quand je suis en train de lire (lire) le journal, leurs amis arrivent quand nous........................ (déjeuner), le téléphone sonne quand ils..................................(sortir), les filles font du bruit, quand je.................... (regarder) un match de foot à la télévision, la voisine m'appelle quand je................................(faire la sieste). Quelle vie !

Activité 2: Complète le dialogue avec «aller +infinitif»

Projets de week-end

- Qu'est-ce que tu vas faire (faire) ce week-end ? Tu as des projets ?
- Je .... (visiter) le château de Versailles.
- Tu sais quel temps ....(faire) ?
- Beau, je pense.
- Tu .... (aller) toute seule ?
- Non, avec Odile. Tu viens avec nous ?
- Désolé ! Je ne peux pas ? J'ai un examen lundi. Je .... (réviser) tout le week-end.

Activité 3: Complète le texte avec «venir de + infinitif»

Dernières nouvelles de Paris !

Nous venons d'arriver (arriver) à Paris. Je .... (trouver) un bel appartement. Ma femme et ma fille .... (ranger) l'appartement. Ma fille..(entrer) à l'Université. ....(acheter) une nouvelle voiture. Nous.. (commencer) une nouvelle vie.

Lucie et son frère regardent le Tour de France à la télé. Ecoute le commentaire, puis réponds aux questions ci-dessous.

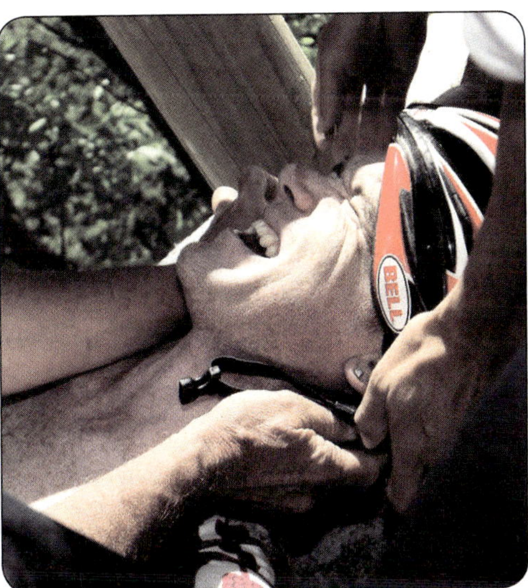

Activité 4: Vrai ou faux

a. L'étape de montagne est difficile. ☐

b. Le col du Galibier se trouve dans les Alpes. ☐

c. Gérard Villiers accompagne les coureurs. ☐

d. Un coureur a un accident. ☐

e. L'ambulance amène le cycliste à l'hôpital. ☐

Activité 5: Complète le texte ci-dessous avec «aller+infinitif, venir de +infinitif, être en train de + infinitif».

A l'hôpital

Le blessé est dans la salle d'attente de l'hôpital. Les médecins viennent d'arriver (arriver). Ils .... (examiner) le blessé. Les infirmiers ....(amener) le blessé à la salle de radio. Le blessé a une jambe cassée. On...................... (mettre) la jambe dans un plâtre. Le médecin........... (faire une ordonnance). Le blessé.......................(prendre) ses médicaments. Il .... (se reposer).

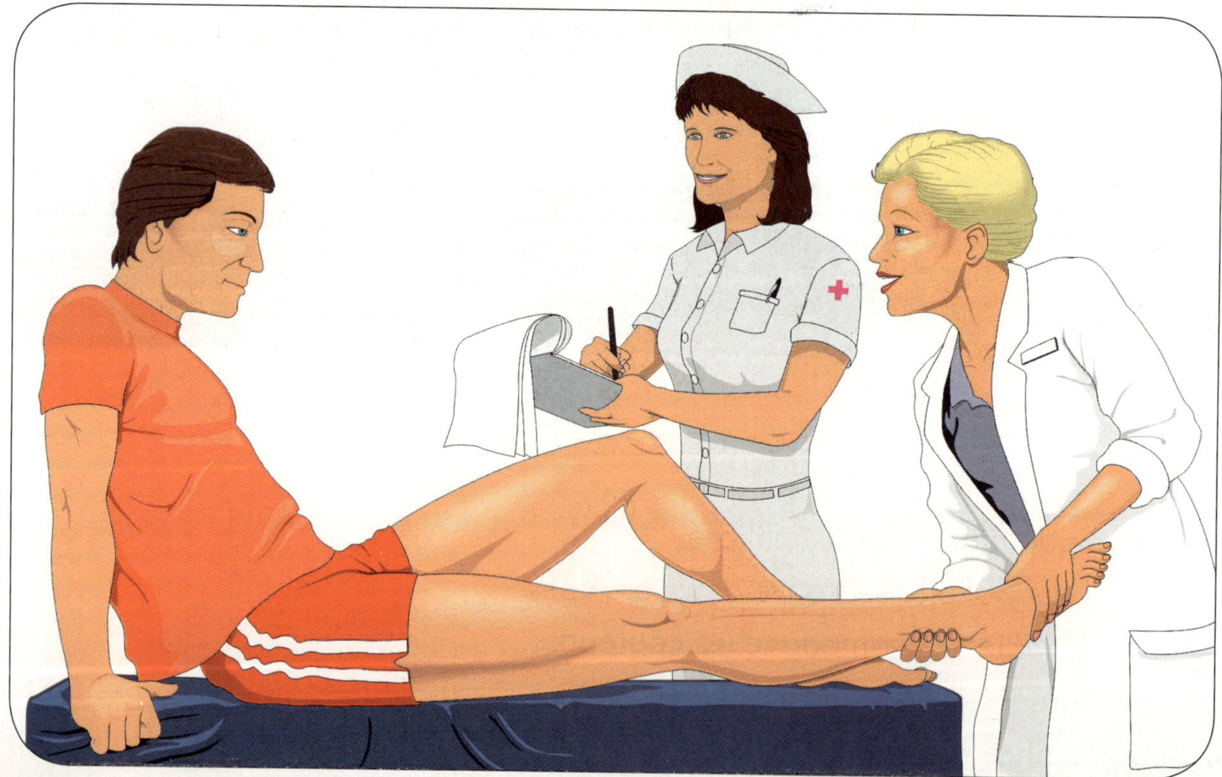

J'ai mal partout

Les parties du Corps

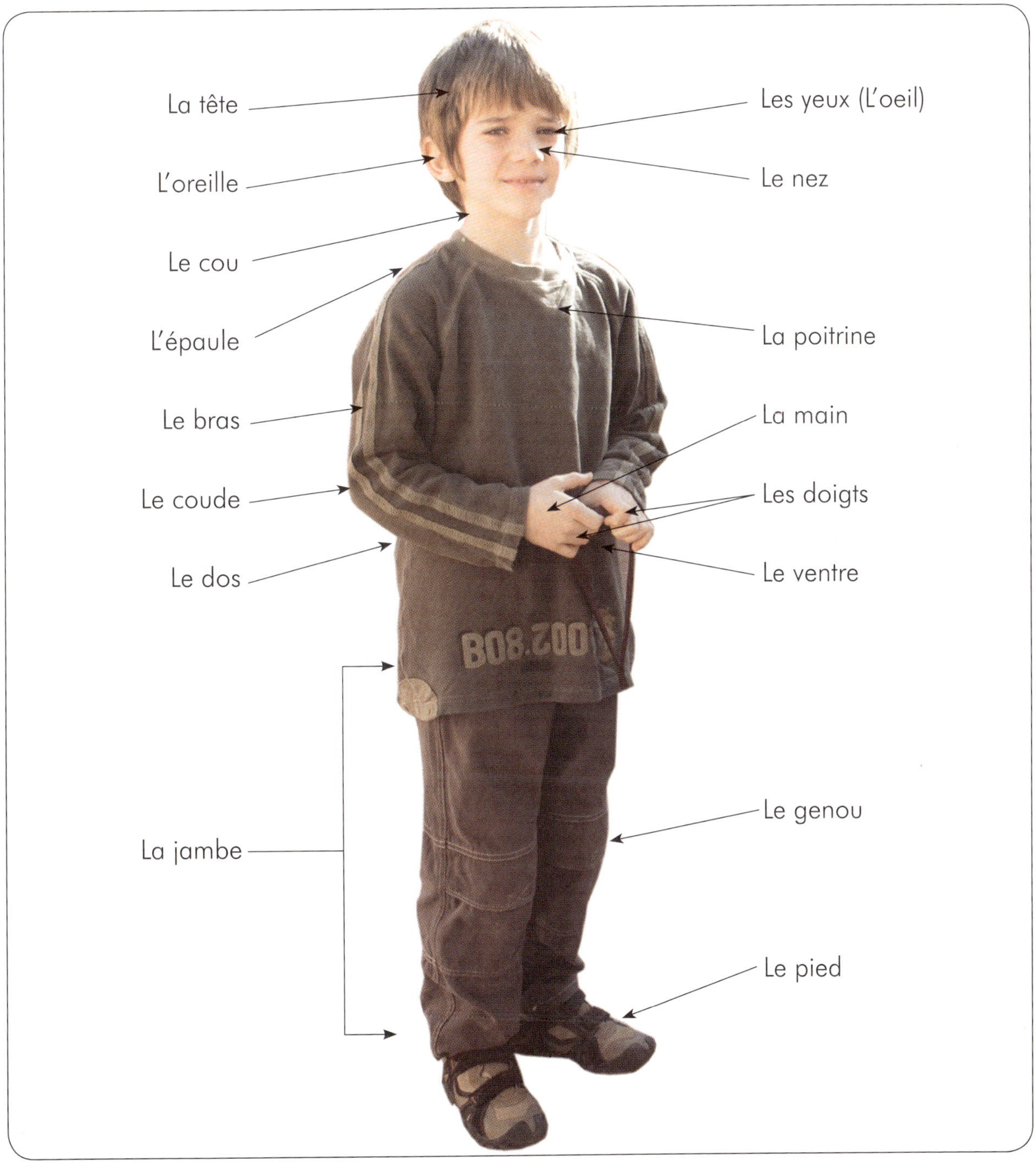

La tête
L'oreille
Le cou
L'épaule
Le bras
Le coude
Le dos
La jambe

Les yeux (L'oeil)
Le nez
La poitrine
La main
Les doigts
Le ventre
Le genou
Le pied

Activité 6: Complète les phrases suivantes avec une partie du corps

"j'ai mal à la tête"

"Il a mal aux ....

"J' ai mal au ....

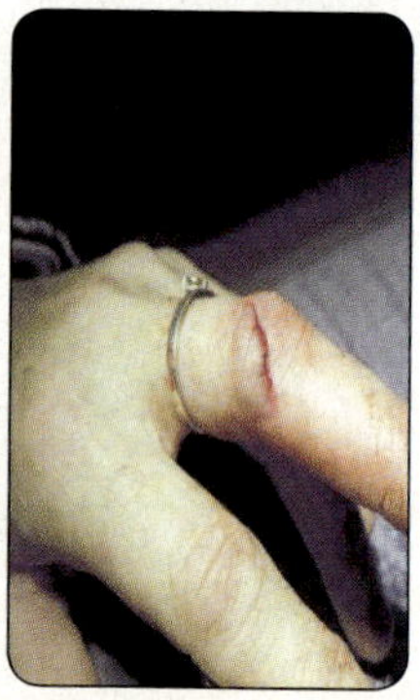

"Elle a mal au............

J'ai mal au.....................

Il a mal aux.............

Activité 7: Ecoute le poème puis associe la personne en colonne A avec la partie du corps en colonne B

Colonne A	Colonne B

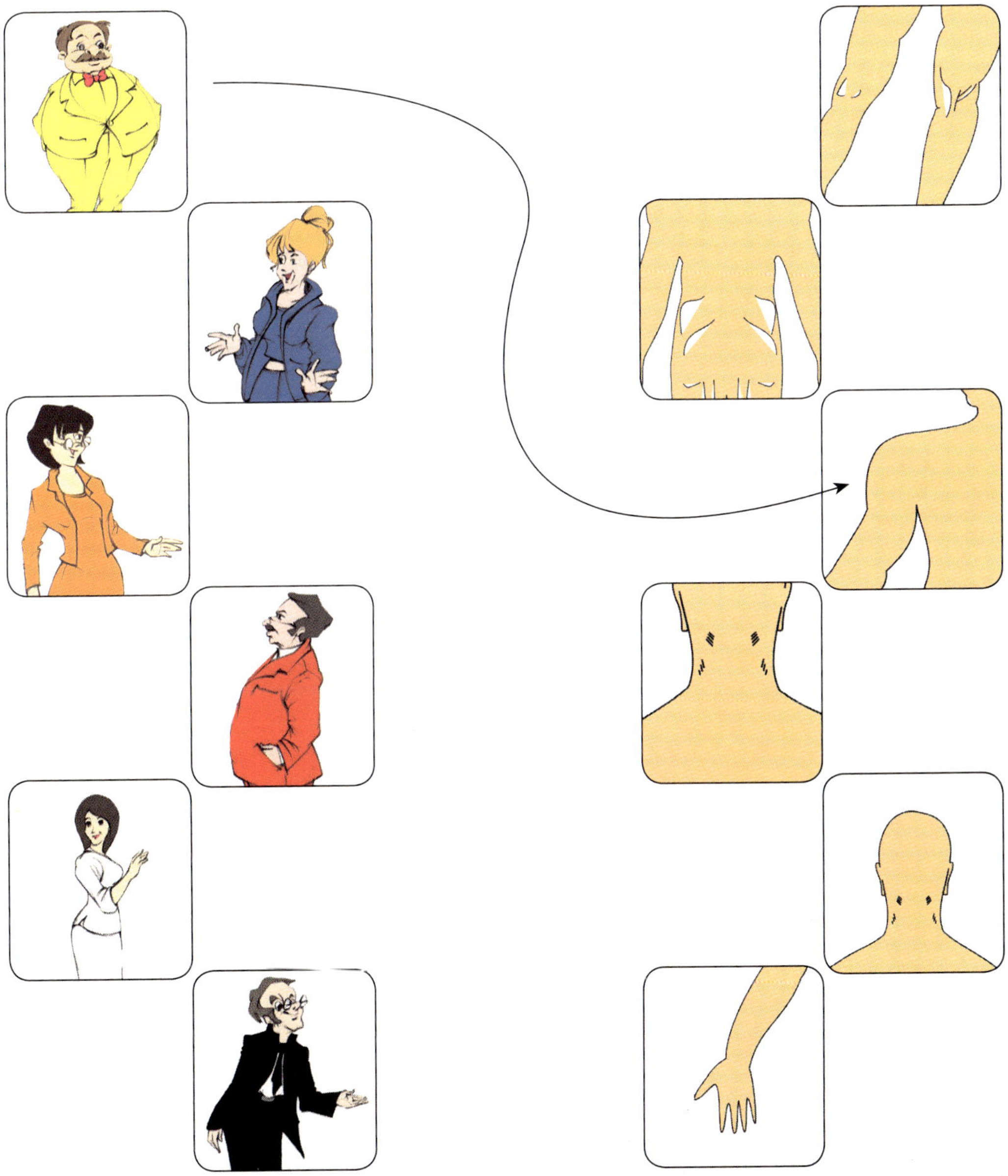

Activité 8: Jeu de Rôle

Tu es malade. Tu vas chez le médecin. Le médecin t'examine. Il te pose des questions. Prépare un dialogue à l'aide des expressions suivantes, puis joue la scène devant la classe.

Avoir de la fièvre, tousser, être enrhumé, prendre la température, ausculter, prendre la tension, faire une ordonnance, donner des médicaments ....

Activité 9: Mets les verbes entre parenthèses au futur ou au futur proche

Dans l'avion

L'hôtesse : Mesdames et messieurs, bienvenue à bord. Installez-vous et attachez vos ceintures. Nous allons partir (partir), l'avion..........................(décoller) dans quelques instants.

Le commandant : Mesdames et messieurs, c'est le commandant qui vous parle. Nous volons à une altitude de 20,000 mètres et nous allons à une vitesse de 700 km/h. Si les conditions météo le permettent, le vol..................(durer) cinq heures et nous .... (arriver) à Paris à midi. Les hôtesses..................(servir) un repas dans une demi-heure. Je vous souhaite un agréable voyage avec Air France.

Activité 10: Fais les phrases en employant le futur proche ou le passé récent comme dans l'exemple.

A. Bon week-end pour Mlle Chanceuse !

Evénements récents :

réussir aux examens, inviter au bord de la mer, faire de nouveaux amis.

Projets pour le week-end :

fêter son anniversaire avec des amis, aller au bord de la mer avec de nouveaux amis.

Mlle Chanceuse **vient de réussir** aux examens. Elle......

Le week-end, Mlle Chanceuse **va fêter** son anniversaire avec des amis. Elle.....

B. Tout va bien pour M Bonchemin !

Evénements récents :

se marier, avoir une promotion, gagner le Loto

Projets :

Acheter une maison à la campagne, changer la voiture, voyager en Inde.

Exercices
Complémentaires
01

1. Quelle heure est-il ?

....

....

2. Mets les verbes entre parenthèses au présent comme dans l'exemple

Une chanteuse parle de sa journée typique.

« Vous savez bien que nous les artistes, nous nous couchons (se coucher) tard et nous .... (se lever) tard aussi. Moi, je .... (se lever) vers midi…

Le soir, je vais au théâtre deux heures avant le spectacle et je .... (se préparer) et je .... (s'habiller).

Puis je .... (se reposer) un quart d'heure avant de monter sur la scène. Mon partenaire Julien il .... (se promener) avant le spectacle. Il arrive à la dernière minute et il . ... (se dépêcher) de se préparer.

3. Mets les verbes entre parenthèses à l'impératif comme dans l'exemple

Une mère de famille.

Mes enfants, il est 7h30 réveillez-vous (se réveiller)! Toi, Mathilde .... (se laver) en premier. Jean et Charles .... (s'habiller) vite le petit déjeuner est prêt. Mon chéri, ... (se souvenir) que ce soir nous dînons chez mes parents. Mathilde .... (ne pas s'arrêter) chez ta copine ce soir. Les garçons .... (se dépêcher), vous aller être en retard. Les enfants .... (se rappeler) que nous sortons ce soir.

4. Mets les verbes entre parenthèses au futur comme dans l'exemple

Le monde en 2150

En 2150 il y aura (avoir) 30 milliards d'habitants sur la Terre. Il .... (faire) très chaud. Nous .... (voyager) en soucoupes volantes. Nous .... (passer) des vacances sur Mars ou Jupiter. Les enfants .... (ne pas aller) à l'école. Ils .... (étudier) à la maison avec des robo-profs.

5. Mets le texte au futur comme dans l'exemple

Actuellement, je travaille en France, mais plus tard je travaillerai (travailler) à l'étranger. Maintenant, j'habite dans un studio, mais un jour j' .... (avoir) une grande maison. Actuellement, je n'ai pas beaucoup d'argent, mais dans dix ans je .... (être) millionnaire. En ce moment je vais au travail en bus, mais dans quelques années j' .... (aller) en voiture. Actuellement, je parle seulement le français, mais un jour j' .... (apprendre) le chinois.

6. Mets le verbe entre parenthèses au futur proche comme dans l'exemple.

Samedi, Joël va avoir (avoir) 18 ans. Mes amis et moi, nous .... (organiser) une fête surprise. René .... (acheter) les boissons. Maria et Manuelle .... (faire) un gâteau au chocolat. Moi, je .... (s'occuper) de la musique. Nous .... (s'amuser)

7. Mets les verbes entre parenthèses au futur proche ou au futur simple

Les projets du week-end

- Je pense, qu'il .... (falloir) annuler notre pique-nique ce week-end.
- Pourquoi ?
- Ecoute la météo : Demain, il .... (pleuvoir). Le temps .... (être) instable. Quelques éclaircies .... (apparaître) dans l'après-midi.
- S'il .... (faire) mauvais, nous .... (ne pas camper), nous .... (aller) à l'hôtel.
- D'accord, je .... (préparer) les sacs tout de suite.

8. Complète les phrases avec « être en train de +infinitif », « être sur le point de + infinitif » ou « venir de +infinitif » comme dans l'exemple

1. - Allô Janine, je ne te dérange pas ?
   - Rappelle-moi plus tard, je suis sur le point de sortir. (sortir)
2. - Qu'est-ce qu'Antoine .... ? (faire)
   - Il dessine une maison.
3. - Il faut arroser les plantes ?
   - Non, il .... (pleuvoir). Regarde ! La terre est mouillée.
4. - Vous .... (écouter) « La Truite » de Schubert. Notre programme musical est fini.
5. - Dépêchez-vous les enfants: le train .... (partir)

Leçon 5

Mme Lebrun appelle son mari. Elle lui demande de faire des courses. Ecoute le dialogue, puis réponds aux questions ci-dessous

Monsieur fait des courses

Activité 1: Vrai ou faux

a. Les parents de Mme Lebrun vont passer le week-end chez leur fille. ☐
b. Au petit déjeuner, ils vont manger les biscottes avec le miel. ☐
c. Mme Lebrun va servir une salade de pommes de terre le soir. ☐
d. M. Lebrun aime boire la bière. ☐
e. Il n'y a pas d'argent dans le porte-monnaie. ☐

Activité 2: Choisis la bonne réponse

1. Chez le marchand des légumes M. Lebrun va acheter
   a. la salade et les fruits
   b. les fruits
   c. Les légumes et les fruits

2. L'épicier se trouve
   a. à l'entrée du marché
   b. au coin de la rue
   c. à la sortie du marché

3. Chez le fromager, M. Lebrun va acheter
   a. la fondue
   b. le fromage à fondue
   c. le beurre

4. Dans le frigo, M. Lebrun va mettre
   a. l'eau minérale
   b. la bière
   c. les deux

5. M. Lebrun va payer les achats avec
   a. l'argent dans le porte-monnaie
   b. sa carte de crédit
   c. la carte de crédit de sa femme.

Claude habite à Paris. Il a **une voiture** mais pour aller au travail il ne **la** prend pas. Il prend **le métro**. Il **le** prend vers 7 heures. La femme de Claude habite à Dourdan. Elle a une école de yoga. Elle propose **des stages.** Elle **les** propose aux jeunes entre 13 et 17 ans. Claude ne fait pas de **yoga**, il ne **l'**aime pas. Il fait du sport avec **les enfants**. Il **les** amène souvent au club pour jouer du tennis.

Activité 3: Complète comme dans l'exemple. Dans le texte ci-dessus,

La remplace **une voiture.**

...............................remplace **le métro.**

...................................remplace **yoga.**

.................................remplace **stages.**

................................remplace **enfants.**

Activité 4: Remplace les mots soulignés par le, la, l', les

- Tu connais **mon ami Jacques** ?
- Oui, je.......................................connais.
- Et tu connais **Lucie sa femme** ?
- Non je ne...............................connais pas.
- Ils ont **deux garçons**. Je .... aime beaucoup.
- Tu .... invites ce soir ?
- Non, ils ne sont pas libres.

Monsieur fait des courses

Chère Marilou,

En ce moment, il y a beaucoup de problèmes entre Rémi et moi. Je pense que tu pourras me conseiller car tu nous connais bien tous les deux et je sais que Rémi vous aime beaucoup, toi et Jean.......
....

Activité 5: Complète avec me/m', te/t' comme dans l'exemple

- Tu me connais bien ?
- Oui, bien sûr, je te connais.
- Tu..................................comprends ?
- Mais, oui, je...................................comprends très bien.
- Tu m'appelles ce soir ?
- Pas de problèmes, je...
- Tu...aimes beaucoup ?
- Bien sûr, je.......................................pour toujours !

Activité 6: Réécrivez le texte ci-dessous en remplaçant me/m' par nous

Sarah et Paul me connaissent bien. Ils m'invitent souvent chez eux le week-end. Quand j'ai des problèmes ils m'aident et ils m'écoutent. Ce sont de très bons amis.

Sarah et Paul **nous** connaissent bien. Ils...

Activité 7: Réécrivez le texte ci-dessous en remplaçant te/t' par vous

Juliette, je te vois tous les jours dans le métro. Je te trouve très belle. Je te regarde, je t'écoute parler avec tes amis, je te vois sourire. Je t'aime.

Mademoiselle, je **vous** vois tous les jours dans le métro. Je...

Activité 8: Complète avec me, m', te, t', le, la, l' nous, vous, les.

Nicolas et Paula viennent d'acheter une nouvelle maison. Ils invitent leurs amis pour fêter l'événement. Leurs amies Nicole et Nelda décident d'aller acheter un cadeau dans un grand magasin.

Nelda : Qu'est-ce qu'on achète ?
Tu as une idée ?

Nicole : Non, et toi ?

Nelda : Je ne connais pas leur nouvelle maison.
Tu.......connais, n'est-ce pas ?

Nicole : Oui. On peut prendre quelque chose pour la décoration.

Nelda : Bonne idée ! Demandons à la vendeuse !

La vendeuse : Bonjour, mesdames. Je peux.................................aider ?

Nelda : Oui, nous cherchons un cadeau pour des amis qui viennent d'acheter une nouvelle maison.

La vendeuse : Pourquoi pas ce vase ?

Nicole : Un vase ? Je ne pense pas.

La vendeuse : Alors, cette lampe ? Elle fera un beau cadeau :

Nelda : Ah oui, elle est belle ! Nicole si tu es d'accord, on...........................achète.

Nicole : Oui, on...prend.

La vendeuse : Très bien mesdames. Prenez cette fiche. Vous.................... présentez à la caisse pour payer.

Monsieur fait des courses

(Mme.Lebrun achète un four à micro-ondes. Elle demande conseil au vendeur)

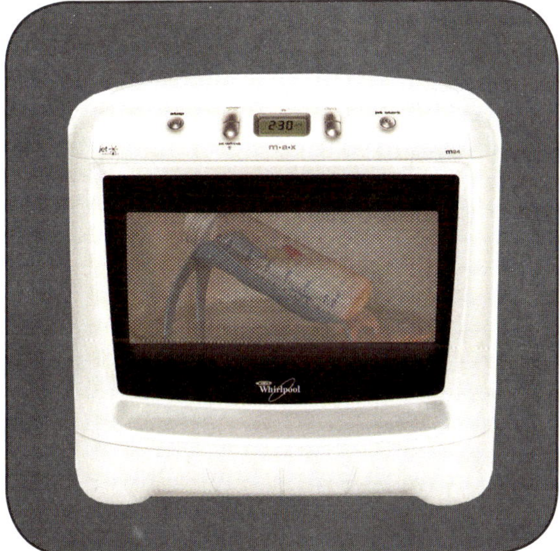

Est-ce que je peux décongeler **les aliments** dans le four à micro-ondes ?

Mais oui, madame, **décongelez-les** dans votre four.

Et vous me conseillez de faire cuire **les œufs** dans leur coquille dans le four ?

Non Madame, **ne les faites pas cuire** dans votre four à micro-ondes.

Ils peuvent éclater.

Et je peux rechauffer **un croissant** dans le four ?

Bien sûr madame, **rechauffez-le**.

Et **une tasse de thé**?

Rechauffez-la également.

Avec quoi est-ce que je peux nettoyer **mon four** ?

Nettoyez-le avec une éponge et du savon. Mais attention, si c'est une éponge métallique, **ne l'utilisez pas**.

Activité 9: Remplace les mots soulignés par le, la, l', les comme dans l'exemple

Ecris **la date, le code d'épreuve et ton numero d'examen** à la première page.

Ecris-les à la première page.

Ne mets pas **ton prénom** sur la copie.

....

Lis bien **la question**.

....

Fais toutes **les questions.**

....

Ne consulte pas **un dictionnaire.**

....

Ecris **les réponses** lisiblement.

....

Relis **la copie** avant de la rendre.

....

Monsieur fait des courses

Les beaux-parents de M. Lebrun viennent chez lui pour le week-end. Il va au marché faire des courses.

A l'épicerie

M. Lebrun : Bonjour monsieur, je voudrais un pot de confiture, des biscottes, du café et un pot de miel, s'il vous plaît.

L'épicier : **Des biscottes**, vous **en** voulez combien ?

M. Lebrun : Un paquet de 500 grammes.

L'épicier : Voilà, c'est tout ?

M. Lebrun : Oui merci.

A la crémerie

M. Lebrun : Bonjour Madame.
La marchande : Bonjour Monsieur, vous désirez?
M. Lebrun : **Du fromage à fondue**, j'**en** veux un kilo.
La marchande : Et avec ça ?
M. Lebrun : Je prends aussi des œufs, du yaourt et un litre de lait.
La marchande : **Des œufs**, vous **en** prenez combien ?
M. Lebrun : J'**en** prends une douzaine.
La marchande : Et **du yaourt** ?
M. Lebrun : J'**en** prends 6 pots.

Monsieur fait des courses

Au marché

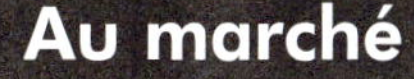

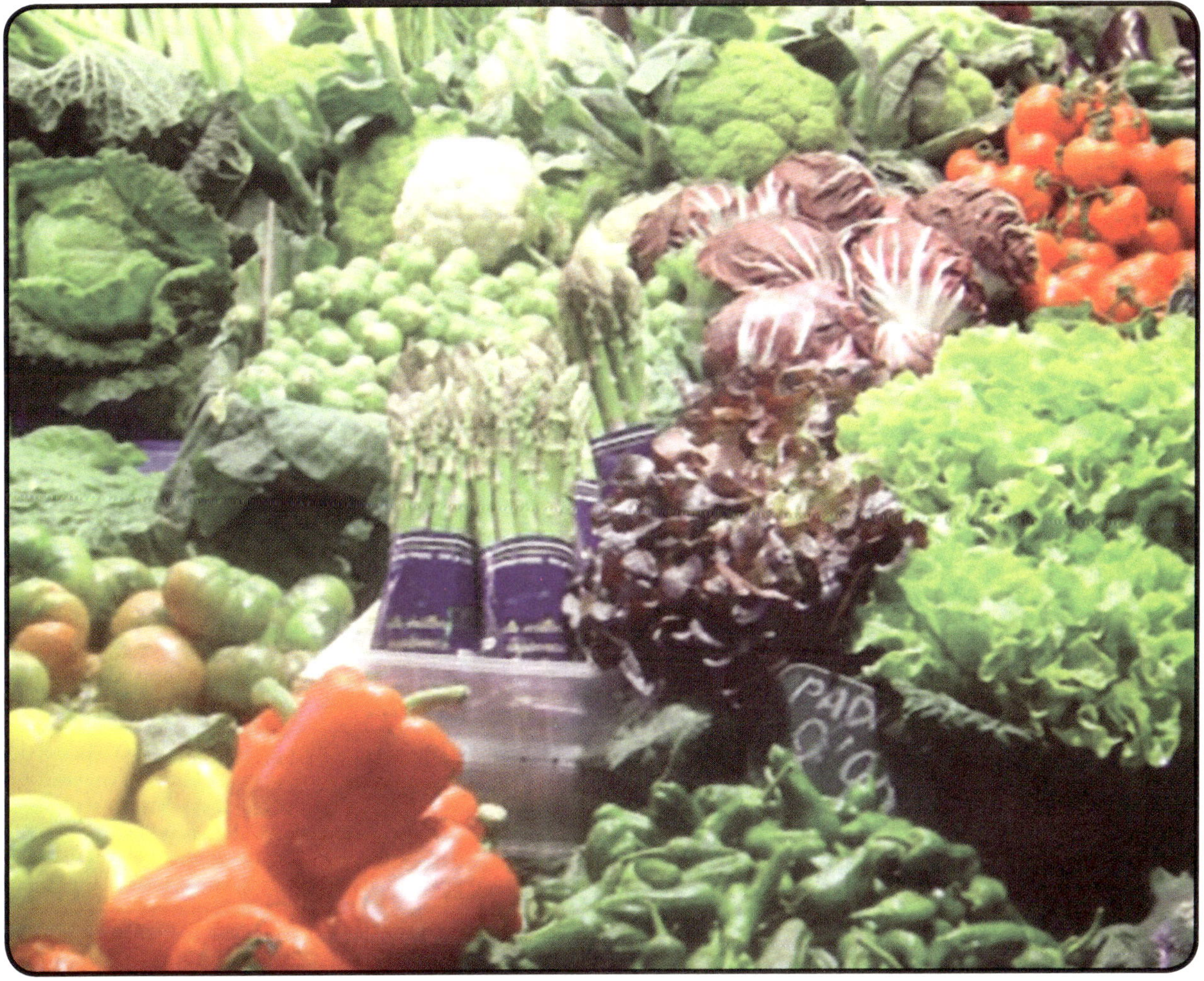

M. Lebrun	:	Bonjour madame. Je voudrais un kilo de pommes de terre et une salade verte.
La marchande	:	**De la salade verte**, je n'**en** ai pas. J'ai **de la salade frisée**.
M. Lebrun	:	Alors, j'**en** prends deux.
La marchande	:	C'est tout ?
M. Lebrun	:	Non **des tomates**, j'**en** prends un kilo.
La marchande	:	Les voilà !
M. Lebrun	:	Merci madame.

Activité 10: Complète cette recette d'un mocktail « Le lever de soleil »

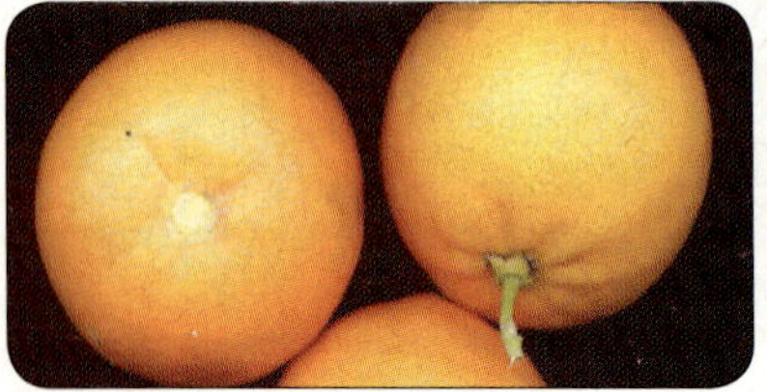

- Tu as des citrons?
- Oui, j'en ai trois
- Je t'.......................................prends deux pour faire un lever de soleil.
- Un lever de soleil?
- Oui, c'est un cocktail sans alcool.
- Pour le faire il te faut deux citrons, du jus d'orange, du jus d'ananas, des fraises, et des bananes
- Et du jus d'orange ?
- Il..faut un demi verre.
- Du jus d'ananas ?
- J'...ajoute 200 ml.
- Et des fraises.
- J'...prends trois et je les coupe en petit morceaux.
- Et des bananes ?
- J'...................................... mets une.
- Alors, pour faire le mocktail un lever de soleil, des citrons, il .... deux ; du jus d'orange, il faut...................................ajouter un demi verre ; du jus d'ananas, j'...............................mets environ 200ml ; des fraises, il ....faut trois et des bananes j'...............................prends une.
- C'est parfait.

Monsieur fait des courses

Chez le médecin

M. Lebrun : Docteur je peux prendre **du café** ?
Le médecin : N'**en** prenez pas beaucoup. Cela fait du mal.
M. Lebrun : Et **de la bière** ?
Le médecin : N'**en** prenez pas. Elle désaltère. Prenez plutôt **de l'eau**. Buvez-**en** deux litres par jour.
M. Lebrun : Et **des cigarettes** ?
Le médecin : N'**en** fumez pas. C'est très mauvais pour vous

Activité 11: Complète le dialogue suivant :

Le médecin : **Des légumes** ? Mangez-................................... beaucoup.
M. Lebrun : **Des fruits** ? Je peux .... manger ?
Le médecin : Certainement.
M. Lebrun : **Des pâtes** ?
Le Médecin : Prenez-.. de temps en temps.
M. Lebrun : Le hamburger, des frites et du coca ?
Le médecin : Le hamburger, ne l'achetez pas, **des frites** sont grasses n'......................prenez pas ; **du coca**, n'.................... buvez pas, c'est mauvais pour les dents.
M. Lebrun : Alors Monsieur le docteur. Je vais avoir faim.

Leçon 6

Abracadabra

Je m'appelle Denis. J'ai 13 ans. Je suis magicien. La semaine dernière mon ami **Rudolph a** fêté son anniversaire. **Il** m'**a** invité pour faire des tours de magie. Tout d'abord **j'ai fait** un tour de magie avec des cartes. **J'ai** montré un jeu de cartes à un spectateur. **Il a** choisi une carte, puis **il a remis** la carte dans le jeu. **J'ai** mélangé les cartes. Puis **j' ai** tiré la bonne bien sûr ! **Tout le monde a** applaudi. **Ils** m'**ont** demandé comment faire le tour mais **j'ai** refusé de dire mon secret.

Activité 1: Complète la grille suivante comme dans l'exemple

Expression du texte	Infinitif	Participe passé
J'ai fêté	fêter	fêté
Il m'a invité		
		montré
	mélanger	
	tirer	
Ils m'ont demandé		
		refusé
Il a choisi	choisir	choisi
	applaudir	
Il a fait	faire	
	remettre	

Le passé composé = le présent du verbe "avoir" + le participe passé

Activité 2: Ecris le participe passé du verbe entre parenthèses comme dans l'exemple. Pour les verbes irréguliers consulte le tableau des verbes à la page 103

- Salut Caroline ! Tu as passé (passer) un bon week-end ?
- Oui, superbe ! J'ai .... (recevoir) mon argent de poche, j'ai .... (faire) des courses.
- Qu'est-ce que tu as .... ? (acheter)
- Pour moi, une belle robe noire, une écharpe rouge et un sac à main doré. Samedi prochain, c'est l'anniversaire de Paul. J'ai .... (choisir) un CD de Patricia Kaas pour lui. Pour ma grand-mère j'ai .... (prendre) un pull.
- Pour ta grand-mère ?
- Oui, samedi soir nous avons .... (dîner) ensemble.
- Et le dimanche ?
- Comme il a .... (pleuvoir), je n'ai rien .... (faire).

Comment gagner son argent de poche ?

Les jeunes Français font des petits boulots (des jobs) le week-end ou pendant les vacances pour gagner de l'argent. Avec cet argent, ils achètent des livres, des CD, des bandes dessinées..... Ils font des sorties au cinéma ou au restaurant avec des amis. Ils partent en vacances......

Lucie 15 ans : Hier soir, j'ai gardé le chien de mes voisins. Il s'appelle Ubu, il est malin. Vers 17h je l'ai amené au parc. Il n'a pas écouté mes ordres. Il a marché sur la pelouse, il a écrasé les fleurs, il a fait peur aux enfants, il a renversé une poubelle, il a couru après les autres chiens, et il a aboyé tout le temps. Deux heures plus tard je l'ai ramené chez mes voisins. C'est décidé ! Je ne vais jamais garder ce chien.

Paul 18 ans : Pendant les vacances d'été j'ai décidé de travailler comme serveur dans le café de mon oncle. Le premier jour au travail, je ne l'oublierai jamais ! Tout d'abord, je n'ai pas mis mon tablier. Ensuite j'ai renversé un bol de café sur un client. Puis, je n'ai pas donné la bonne addition à une cliente. Enfin, j'ai oublié une table. Les clients m'ont attendu un quart d'heure et ils ont quitté le café en colère. Mon oncle a piqué une crise !

Activité 3: Vrai ou faux

a. Ubu a obéi à Lucie ☐
b. Ubu a joué avec les enfants. ☐
c. Lucie a ramené Ubu à la maison vers 19h ☐
d. Lucie va garder Ubu une autre fois. ☐
e. L'oncle de Paul a un café ☐
f. L'oncle de Paul est content de son neveu. ☐

Activité 4: Choisis la bonne réponse

1. « Etre malin » veut dire

a. être méchant
b. être sage
c. être intelligent

2. « Piquer une crise » veut dire

a. Etre content
b. Etre en colère
c. Etre satisfait

Activité 5: Reliez le mot dans la Colonne A avec sa définition dans la Colonne B et réécris la phrase comme dans l'exemple.

Colonne A	Colonne B
Les voisins	On le porte pour travailler dans la cuisine ou dans un café.
La pelouse	Les clients la demande et la paient à la fin d'un repas.
La poubelle	Des gens qui habitent dans la maison à côté.
Le tablier	Une boîte dans laquelle on jette les ordures.
L'addition	La partie du jardin où on trouve l'herbe verte et les fleurs

1. Les voisins sont des gens qui habitent dans la maison à côté.
2. ....
3. ....
4. ....
5. ....

Activité 6: Réponds aux questions suivantes.

1. En Inde, les jeunes font-ils de petits boulots pour gagner de l'argent de poche ?

   ....

   ....

   ....

2. Est-ce que tes parents te donnent de l'argent de poche ?

   ....

   ....

   ....

3. Combien de roupies par mois reçois-tu comme argent de poche ?

   ....

   ....

   ....

4. Que fais-tu avec ton argent de poche ?

   ....

   ....

   ....

5. Cherchez d'autres activités que font les jeunes Français pour gagner de l'argent de poche.

   ....

   ....

   ....

Activité 7: Mets les verbes entre parenthèses au passé composé comme dans l'exemple

A l'agence nationale de l'emploi

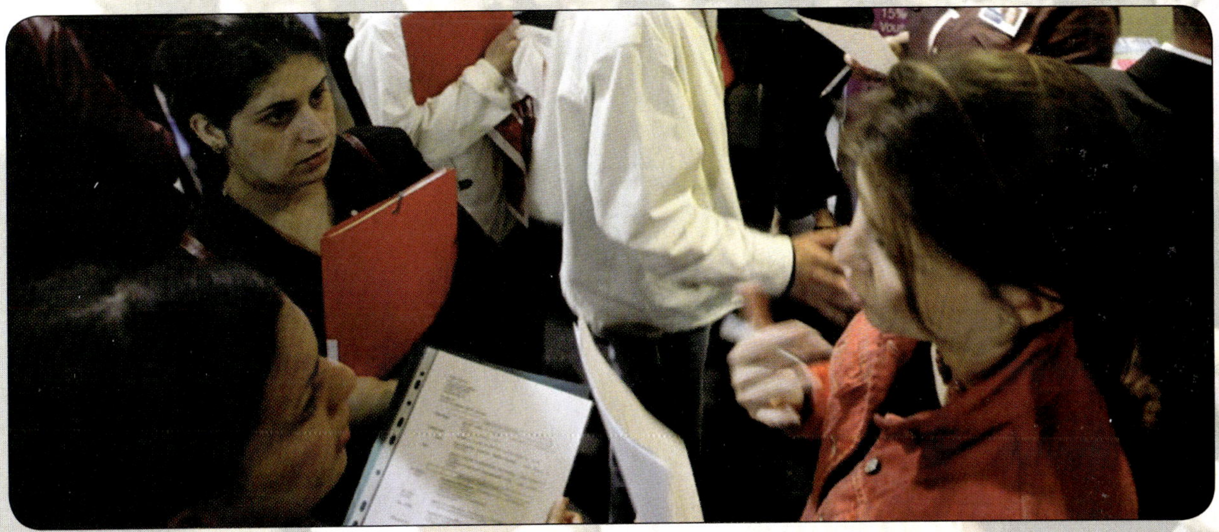

- Bien mademoiselle vous avez étudié (étudier) à Bordeaux ?
- Oui, je .... (faire) trois ans d'études à l'Université de Bordeaux. J'ai un diplôme en gestion et comptabilité.
- Et vous .... (travailler) déjà dans une banque ?
- Oui, je .... (travailler) dans la Société Générale à Toulouse pendant un an.
- Et je vois que vous avez aussi de l'expérience comme vendeuse.
- Oui, je .... (suivre) un stage professionnel chez Ikéa à Paris et actuellement je travaille avec mes parents, ils ont un magasin.
- Bien, parlez-moi de votre séjour en Angleterre.
- Je .... (passer) une année à Londres comme fille au pair, et là j' .... (apprendre) l'anglais.
- Vous parlez bien l'anglais ?
- Oui, assez bien et je .... (étudier) aussi l'espagnol et l'italien.
- Dites-moi, quel emploi vous cherchez ?

Activité 8: Complète le texte suivant comme dans l'exemple

Changer la vie !

- D'habitude, Pascale **boit** du café au petit déjeuner, mais hier il a bu du thé.
- D'habitude, il **prend** le métro pour aller au travail, mais hier .... le bus.
- D'habitude, il **court** dans le Bois de Boulogne, mais hier il .... sur l'Avenue des Champs-Élysées.
- D'habitude, il **met** une veste au travail, mais hier il .... aussi un imperméable.
- D'habitude, il **travaille** jusqu'à 17h, mais hier il .... jusqu'à 19h.
- D'habitude, le dimanche il fait du tennis, mais dimanche dernier il .... du vélo.

Activité 9: Mets les verbes entre parenthèses au passé composé comme dans l'exemple

Rafael Nadal a commencé (commencer) à jouer au tennis à l'âge de 5 ans. Il ....(gagner) son premier tournoi à 8 ans. Il........................(participer) à la Coupe Davis pour la première fois en 2004. Le 3 juin 2005, il........................(jouer)la semi-finale de Roland-Garros. Ses parents .... (pouvoir)assister à la finale de Roland-Garros. Le jour de sa victoire à Roland-Garros, le Roi d'Espagne le .... (féliciter) en personne. Pendant la saison 2004-2005, il........................(obtenir) plus de 40 victoires.

Une nouvelle employée ?

- Pardon, Mademoiselle, vous êtes française?
- Non, je **ne suis pas** française.
- Vous êtes étudiante ?
- Non, je **ne suis pas** étudiante.
- Vous travaillez ?
- Non, je **ne travaille pas**.
- Vous attendez **quelqu'un** ?
- Non, je **n'**attends **personne**.
- Vous connaissez **quelqu'un** à Paris ?
- Non, **personne**.
- Vous êtes libre ce soir ?
- Non, je **ne suis pas libre** ce soir.
- Vous faites **quelque chose** ce week-end ?
- Non, je **ne** fais **rien**.
- Nous pouvons aller dans un restaurant et danser ?
- Non, merci. Je **n'**aime **pas** la cuisine française et je **ne** danse **jamais**.

Activité 10: Complète le texte avec ne........ pas, ne........ personne, ne......... rien, ne.... jamais comme dans l'exemple

Tâches ménagères

Charles, j'en ai assez ! Tu ne m'aides jamais à la maison. Tu.................... fais .... la cuisine, tu.................... laves .... la vaisselle, tu .... t'occupes .... d'enfants. Je fais tout, tu .... fais .... Depuis un mois, nous .... invitons .... à la maison. Je .... ai .... de temps libre ! Je .... peux .... tout faire!

Activité 11: Lis le texte ci-dessous.

Travailler c'est difficile !

Je rentre chez moi. Je suis fatiguée. Je vais au grand magasin, j'achète quelque chose. Je prépare le dîner. Quelqu'un me téléphone. Quelque chose brûle dans la cuisine. Je m'énerve. J'ai mal à la tête. Je me couche tôt.

Maintenant, réécris le texte ci-dessus en employant ne ....pas, ne........ personne, ne.........rien comme dans l'exemple.

Depuis ce soir je suis en vacances. Je ne rentre pas chez moi.

....

....

....

....

....

....

....

Activité 12: Complète cet extrait de la chanson de Johnny Halliday en mettant les verbes entre parenthèses au passé composé comme dans l'exemple

Je n'ai jamais pleuré

Je n'ai jamais pleuré (Ne jamais pleurer)

On m'a sifflé, (siffler)

On m' ...., (moquer)

On m' ...., (quitter)

De la carte, on m' ...., (rayer)

Je .... (Ne rien oublier)

On m' ...., (meutrir)

On m' ...., (bannir)

On m' ...., (trahir)

On m' ...., (haïr)

Et moi je .... (Ne rien dire)

Je n'ai jamais pleuré.

(Refrain) Si j'avais commencé
J'aurais pas pu m'arrêter de pleurer
Si j'avais commencé
Je n'aurais jamais cessé
Je n'ai jamais pleuré.

Leçon 7

L'histoire du petit poulain

Le petit poulain **est né** un beau jour au printemps.

Quelques heures plus tard **il s'est levé**.

Puis il **a marché** vers l'écurie.

Il est entré dans l'écurie.

Il est resté dans l'écurie.

Quelques mois plus tard **il est sorti** de l'écurie.

Il est monté dans un camion. **Il est arrivé** au corral.

Au corral **on l'a preparé** pour le rodéo.

Un jour **il est parti** en ville pour participer au rodéo.

Il **a participé** à la course des chevaux.

Malheureusement **il est tombé, il s'est blessé**.

On l'a tué. **Il est mort**.

Choisis la bonne réponse:

Les verbes en vert forment le passé composé avec l'auxiliaire avoir/ être.
Les verbes en rouge forment le passé composé avec l'auxiliaire avoir/être.

Souvenirs, Souvenirs

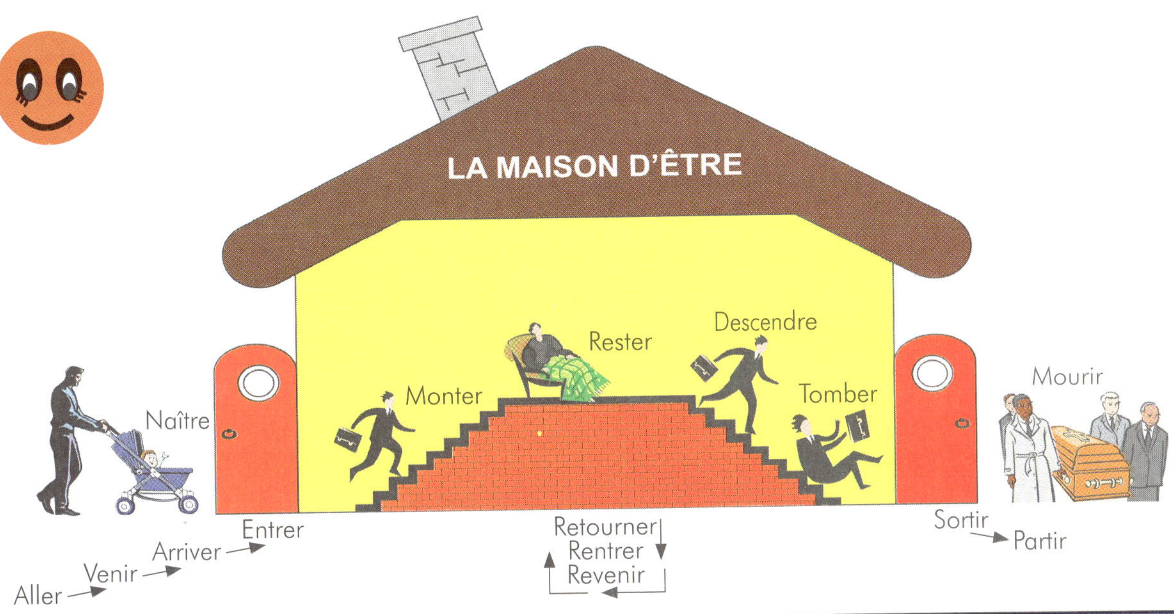

Tous ces verbes ainsi que les verbes pronominaux forment le passé compose avec l'auxilaire « être »

Activité 1 : Relis l'histoire du petit poulain et complète la grille ci-dessous comme dans l'exemple.

Expression du texte	Infinitif	Participe passé
Le petit poulain **est né**	naître	**né**
		entré
	rester	
Il **est sorti**		
		monté
	arriver	
Il **est parti**		
		tombé
	mourir	
Il s'**est levé**	Se lever	**levé**
		blessé

Activité 2: Complète avec « avoir » ou « être »

Une Indienne à Paris

L'été dernier, je .... allée en France avec une amie. Nous .... visité Paris. Nous .... allées au Musée d'Orsay et nous .... vu la tour Eiffel. Puis nous .... descendues à Lyon. Là, j' .... retrouvé mon correspondant français Pierre. Il nous .... fait visiter Le Vieux Lyon. Nous .... pris de belles photos et nous .... goûté la cuisine lyonnaise.

Marielle raconte sa première journée à l'école

Je me suis réveillé**e** en retard. Je suis allé**e** à l'école en voiture avec ma mère. Quand nous sommes arrivé**es** à l'école, la cloche a sonné et tout le monde est entré dans l'école. Je suis sorti**e** de la voiture et ma mère est parti**e** au travail. Je suis entré**e** dans la classe. Je suis allé**e** m'asseoir. L'institutrice est venu**e** vers moi et elle m'a souhaité la bienvenue. J'ai rougi. Pendant la récré j'ai vu mon voisin. Après l'école, nous sommes rentré**s** à la maison à pied.

Complète

Féminin du participe passé = participe passé + ...
Masculin pluriel du participe passé = participe passé + ...
Féminin pluriel du participe passé = participe passé + ...

Passé composé avec « être » le PARTICIPE PASSE s'accorde avec le SUJET

Activité 3: Choisis la forme correcte du participe passé comme dans l'exemple

La cliente de la chambre 214 a (reçu)/reçue un appel téléphonique et elle a parlé/parlée au téléphone pendant une heure. Elle s'est préparé/préparée et elle est parti/partie de l'hôtel. Elle est entré/entrée dans un café. Elle a appelé/appelée le serveur et elle a commandé/commandée un grand verre de coca et un sandwich. Une demi-heure plus tard, elle est sorti/sortie du café. Elle a pris/prise le métro et elle est retourné/retournée à l'hôtel. Le soir elle est allé/allée au cinéma où elle a vu/vue un beau film français.

Ecoute le dialogue, puis réponds aux questions ci-dessous.

Activité 4: Vrai ou faux

a. Mme Joujou a ouvert son magasin à 9h. ☐
b. Elle a vu le visage du voleur. ☐
c. Le voleur s'est sauvé par la fenêtre. ☐
d. Le voleur a pris un bus. ☐
e. M. Le Bois a couru après le voleur et l'a arrêté. ☐
f. Mme Joujou a appelé la police. ☐

Activité 5: Choisis la bonne réponse

1. M. Le Bois est arrivé au magasin de jouets.
   a. Vers 8h
   b. Immédiatement
   c. dans cinq minutes

2. M. Le Bois a entendu
   a. un bruit
   b. un cri
   c. les deux

Activité 6: Mets les verbes entre parenthèses au passé composé comme dans l'exemple.

Samedi dernier, Emma s'est levée (se lever) très tard. Elle .... (aller) au marché. Elle .... (acheter) un bouquet de fleurs, du poisson et une bouteille de lait. Quand elle .... (rentrer) à la maison, elle .... (mettre) les fleurs dans un vase. Quelqu'un .... (sonner). Elle .... (ouvrir) la porte et .... (trouver) son ami Paul. Ils .... (s'installer) dans le salon pour bavarder.

Soudain, ils .... (entendre) un grand bruit. Emma et Paul .... (courir) vers la cuisine. Ils .... (voir) le chat en train de dévorer le poisson. Emma l' .... (chasser). Le chat en sautant par la fenêtre .... (renverser) la bouteille de lait. Plus de poisson, plus de lait ! Emma .... (commander) une pizza.

Activité 7: Complète ce poème de Jacques Prévert en mettant les verbes entre parenthèses au passé composé comme dans l'exemple.

Déjeuner du matin

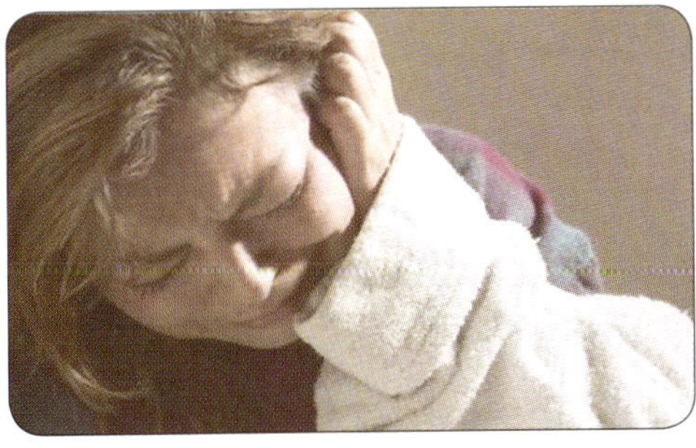

Il ....a mis.......... (mettre) le café
dans la tasse
Il .... (mettre) le lait
dans la tasse de café
Il .... (mettre) le sucre
dans le café au lait
Avec la petite cuiller
Il .... (tourner)
Il .... (tourner) le café au lait
Et il .... (reposer) la tasse
Sans me parler
Il .... (allumer)
Une cigarette
Il .... (faire) des ronds
Avec la fumée
Il a mis les cendres
dans le cendrier
Sans me parler
Sans me regarder
Il .... (se lever)
Il a mis
Son chapeau sur sa tête
Il a mis
Son manteau de pluie
Parce qu'il pleuvait
Et il .... (partir)
Sous la pluie
Sans une parole
Sans me regarder
Et moi je .... (prendre)
Ma tête dans ma main
Et je .... (pleurer)

Jacques PRÉVERT, Paroles (1945)

Activité 8: Remets les phrases en ordre

La visite de Saint Nicolas

a. Saint Nicolas a mangé un gros morceau de gâteau.
b. Il s'est assis à côté de moi.
c. Saint Nicolas est venu pendant le dîner hier soir.
d. Il a discuté avec nous.
e. Il a laissé des chocolats avants de partir.
f. Mon gâteau a eu du succès.
g. Je n'ai pas eu peur de lui comme l'année dernière.
h. Mes fils ont répondu à ces questions.

Un anniversaire **réussi**	Un anniversaire **raté**
Tout le monde est content	**Personne n'**est content
Il y a de la bonne musique	**Il n'y a pas de** bonne musique
On a **déjà** acheté les cadeaux	On **n'a pas encore** acheté les cadeaux
Tout se passe bien	**Rien ne** se passe bien
On a **toujours** ce qu'on a voulu	On **n'a jamais** ce qu'on a voulu
A 3 h du matin, on a **toujours** envie de danser	On **n'a plus** envie de danser.

Activité 9: Complète le texte avec ne...pas, ne.... personne, ne....rien, ne....jamais, ne... pas encore, ne...plus comme dans l'exemple.

Un optimiste	Un pessimiste
Un optimiste est **toujours** content	Un pessimiste n'est jamais content.
Tout le monde aime un optimiste	
Un optimiste sourit **tout le temps**	
Un optimiste a beaucoup d'amis	
Un optimiste trouve **tout** intéressant	
Un optimiste croit **encore** au Père Noel	
Un optimiste voir la vie en rose	Un pessimiste voir la vie en noir

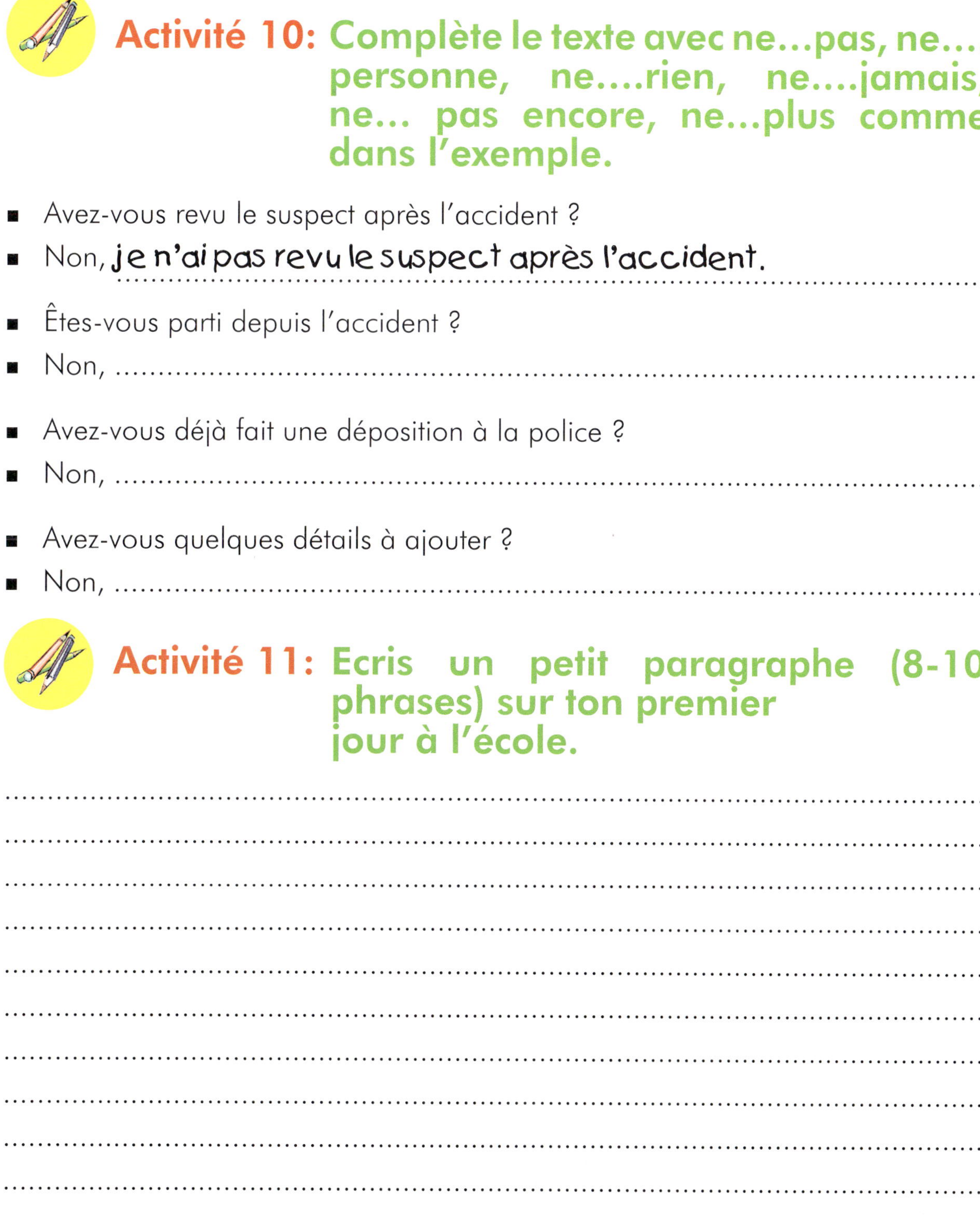

Activité 10: Complète le texte avec ne...pas, ne.... personne, ne....rien, ne....jamais, ne... pas encore, ne...plus comme dans l'exemple.

- Avez-vous revu le suspect après l'accident ?
- Non, je n'ai pas revu le suspect après l'accident.
- Êtes-vous parti depuis l'accident ?
- Non, ...
- Avez-vous déjà fait une déposition à la police ?
- Non, ...
- Avez-vous quelques détails à ajouter ?
- Non, ...

Activité 11: Ecris un petit paragraphe (8-10 phrases) sur ton premier jour à l'école.

....

....

....

....

....

....

....

....

....

....

....

....

Leçon 8

La semaine dernière une nouvelle élève est arrivée dans notre classe. Elle vient de l'Inde et ne parle pas très bien le français. Nous sommes devenues bonnes amies, elle est vraiment sympathique

Et elle **te** parle en quelle langue?
Elle **me** parle en français, mais c'est difficile pour elle. Alors, je **lui** donne des conseils pour apprendre. Ses parents veulent que je **lui** donne des cours privés

Tu **leur** as dit oui?
Non, pas encore, je ne sais pas si j'aurai le temps!

Activité 1: Complète comme dans l'exemple:

Te représente à toi.
Me représente ....
Lui représente à l'élève.
Leur représente ....

Activité 2: Complète avec me/m', te/t', lui, nous, vous, leur comme dans l'exemple:

Sylvie : Je voudrais ....te............ demander un conseil. Mon amie .... demande de partir en vacances à l'étranger avec elle.
Myriam : Tu .... as dit oui ?
Sylvie : Pas encore. Mes parents ? Qu'est-ce que je .... dis ? Je .... demande l'autorisation ?
Myriam : Il faut .... parler et ....expliquer qu'ils ne doivent pas s'inquiéter.

Pooja est en vacances en France chez sa correspondante, elle écrit à son professeur de français pour lui raconter son séjour.

Aix-en-Provence, le 21 juin 20...

Chère Madame,

Quel bonheur d'être enfin en France ! J'habite chez ma correspondante à Aix-en-Provence dans le Sud de la France. La ville est si belle et les gens sont si gentils ! Quand je vais dans un magasin, les vendeurs sont patients avec moi, ils me demandent d'où je viens, ils me répètent lentement ce qu'ils ont dit si je ne les comprends pas. Le boulanger, quand je lui achète quelque chose, me donne toujours un petit chocolat en cadeau !

Quand j'aborde des gens dans la rue pour avoir un renseignement, souvent ils essaient de me répondre en anglais, mais je leur demande toujours de me parler en français, sinon je ne progresserai pas. Parfois quand je demande mon chemin, les gens m'accompagnent car ils ont peur que je ne trouve pas ! C'est gentil, mais c'est un peu trop non ?

Ma correspondante, Stéphanie, m'a présenté ses amis, je les adore ! Ils sont tous très gentils avec moi, ils me font visiter cette région magnifique et m'invitent souvent à des soirées.

On dit parfois que les Parisiens sont un peu froids, je ne sais pas, mais je suis sure que les provençaux ne le sont pas.

Je suis impatiente de vous voir pour tout vous raconter.

A très bientôt

Pooja.

Activité 3: Vrai ou faux

a. Pooja est heureuse de visiter la France. ☐

b. Pooja passe des vacances formidables en Provence. ☐

c. Les commerçants savent que Pooja est étrangère. ☐

d. Pooja est contente quand les gens lui parlent en anglais. ☐

e. Pooja connaît les amis de Stéphanie. ☐

f. Les provençaux sont accueillants. ☐

g. Pooja veut rentrer vite en Inde. ☐

Activité 4: Choisis la bonne réponse

« Aborder quelqu'un » veut dire

a. Aller vers un(e) inconnu(e) et lui parler.
b. Demander un service à un(e) inconnu(e)
c. Proposer à un(e) inconnu(e) de discuter.

Conseils pour faire une randonnée en haute montagne

- Suis **le guide**, obéis- **lui** sans discuter
- Appelle **les gens de la météo**, téléphone-**leur** pour connaître les conditions atmosphériques.
- **Le guide** est très compétent, fais- **lui** confiance

Activité 5: Complète avec lui/ leur comme dans l'exemple

Conseils pour garder de bonnes relations avec ton ami / ton amie

a. Sois très attentive et propose-...lui... ton aide quand il/elle a des problèmes.
b. Fais-.............................. de petits cadeaux surprises de temps en temps !
c. Envoie- .... une carte postale quand tu es en vacances.
d. Ne .... dis pas tout sur toi !
e. Téléphone-........................ souvent !

Courrier des lecteurs

Tu as des problèmes ? Dorothée te répond

Aline (16 ans)

La nouvelle fille-au-pair américaine est vraiment sympa. Elle veut apprendre le français, alors je lui donne des cours. Elle me demande de traduire mais est-ce que je dois tout lui traduire ? Et comment lui expliquer correctement la grammaire ? Tu sais que je n'ai jamais été très bonne… Tu es professeur de français, donne-moi des conseils pour l'aider à apprendre le plus vite possible.

Activité 6: Complète la réponse de Dorothée en choisissant la bonne réponse:

Chère Aline,

Merci pour ta lettre. Voici quelques conseils:

Parle (le / la / lui / leur) en français.
Explique (le / la / lui / leur).
Demande (le / la / lui / leur) d'apprendre ses leçons.
Achète (le / la / lui / leur) des livres en français facile.
Présente (le / la / lui / leur) à tes amis.
Emmène (le / la / lui / leur) au cinéma.
Donne (le / la / lui / leur) le vocabulaire de la vie quotidienne.

Tu verras en quelques semaines elle parlera parfaitement le français.

Dorothée

Activité 8: Voici un extrait d'une chanson de Benabar. Complète-la en choisissant la bonne réponse comme dans l'exemple.

Dis-lui oui

Je sais bien, Muriel, que ça ne te/(me)/le regarde pas[1]
Tu le/la/l' as foutu dehors[2] et je respecte ton choix
Mais il voudrait revenir... d'accord, j'insiste pas
C'est mon ami quand même !
Non, c'est pas lui/le/elle qui m'envoie
Ça me fait de la peine, vous alliez si bien ensemble
Six ans de vie commune mais je veux pas le/la/lui défendre
Avec tout ce que vous avez vécu, avoue que c'est dommage
Et j' te/lui/me dis pas combien il souffre, ça serait du chantage
Muriel je t'en prie, Je t'en supplie
Dis-lui oui !

Benabar « Les risques du métier » 2004

1. Cela ne me concerne pas
2. Demander de partir, mettre à la porte

- **Moi, je** pars demain en vacances ? Et **vous**, qu'est-ce que vous faites ?
- **Nous, nous** allons à Montpellier.
- Et ton père ? Il part avec **vous**.
- Non, **lui il** reste à la maison pour garder le chien.
- Et ta mère ?
- **Elle, elle** vient avec nous.
- Et tes amis hollandais ? Où sont-ils ?
- **Eux, ils** sont en Belgique.
- Et tes cousines qu'est-ce qu'elles vont faire ?
- **Elles, elles** vont partir en Italie ? Et **toi, tu** rentres quand des vacances ?
- Moi, **je** rentre dans une semaine.

Activité 9: Complète le tableau ci-dessous comme dans l'exemple.

Sujets	Je	Tu					
Pronoms toniques	Moi						Eux

Activité 10: Complète cette lettre d'invitation avec moi, toi, lui, elle....

Salut !

Comment vas-tu ? Moi, je vais bien.
Samedi prochain c'est mon anniversaire. Mes frères et ....,
nous organisons une fête chez .... Nous avons pensé à......................

Mes frères vont s'occuper de tout. Ce sont .... qui font la cuisine. J'adore les crêpes. Et ....? J'espère que tu les aimes bien.
Nous t'attendons samedi. A bientôt !

Amitiés

Eric.

Activité 11: Voici la réponse de Benoît. Complète-la avec moi, toi.....

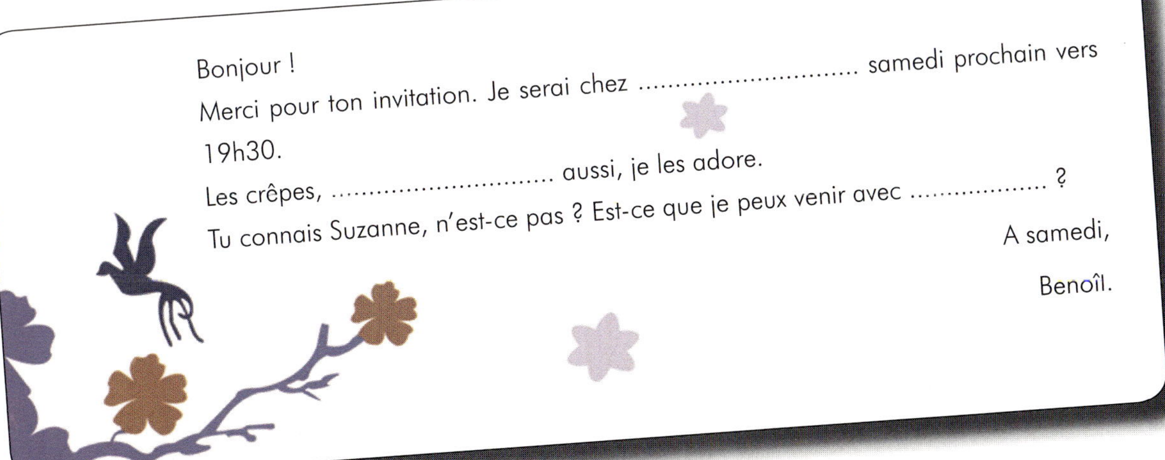

Bonjour !

Merci pour ton invitation. Je serai chez .... samedi prochain vers 19h30.

Les crêpes, ... aussi, je les adore.

Tu connais Suzanne, n'est-ce pas ? Est-ce que je peux venir avec .... ?

A samedi,

Benoît.

Exercices

Complémentaires

02

1. Complète le texte ci-dessous avec le, la, l', les comme dans l'exemple.

La famille de Lucie s'installe dans un nouvel appartement

Le buffet vous le mettez dans le coin. **Les deux fauteuils** vous .... mettez là. **La lampe** vous .... posez entre les deux fauteuils. **Ces vases**, vous .... placez sur la tables dans la salle à manger. **Cette armoire**, vous .... montez dans la chambre des enfants. **Le canapé** nous allons .... mettre dans le salon devant la télé. **Les chaises**, on .... mettra autour de la table. **La table des billards** vous .... installerez dehors dans le jardin.

2. Complète le texte ci-dessous avec le, la les, l' comme dans l'exemple.

Conseils pour être écolo !

- Il faut économiser **l'énergie**. Economise-la !
- On ne jette pas **les papiers** par terre. Ne .... jette pas par terre !
- Tu dois recycler **les bouteilles en verre**. Recycle- .... !
- Il ne faut pas couper **les arbres**. Ne .... coupe pas !
- On aime **notre planète**. Alors, protège-.................... !

3. Complète le dialogue avec en comme dans l'exemple.

Mon hamburger préféré

- Est-ce que tu mets **des tranches de fromage** sur ton hamburger?
- J'en mets une parce que je n'aime pas trop le fromage.
- Est-ce que tu mets **du ketchup** sur ton hamburger?
- Oui, j' .... beaucoup.
- Mets-tu **du piment rouge** sur ton hamburger?
- Oui, j' .... quelquefois.
- Et **de la laitue**?

- Mais bien sûr, j' ....
- Tu ajoutes **de la moutarde** sur ton hamburger?
- Mais bien sûr, j' .... beaucoup, j'aime bien la moutarde
- Et **de la mayonnaise** ?
- Mais non, je .... Quelle idée bizarre !
- Mets-tu **des rondelles d'oignon** sur ton hamburger?
- Non, je .... jamais. Je n'aime pas les oignons.

4. Complète les phrases ci-dessous avec le, la, l', les, en comme dans l'exemple.

1. – Qui a fini le gâteau ?
   - J'en ai mangé un peu et les autres l'ont fini.
2. – Vous prenez ces trois jupes ?
   - Je voudrais .... prendre tous les trois, mais je vais .... prendre une seule.
3. – Tu connais les châteaux de la Loire ?
   - Je ne .... connais pas tous, mais j' .... ai visité quelques-uns.
4. – Tu as pris tes médicaments ?
   - Non, je ne veux pas .... prendre.
5. – Qui a lu les « Fables de la Fontaine » ?
   - Moi, j'...................... lu la moitié.

5. Mets les verbes entre parenthèses au passé composé comme dans l'exemple.

Le semestre dernier, Philippe n'a pas suivi (**suivre**) des cours de maths. Il .... (**mettre**) beaucoup de temps pour préparer son examen final. Il .... (**devoir**) annuler le rendez-vous de jeudi soir avec sa petite amie. Le matin de l'examen, il .... (**ne que boire**) une tasse de café avant de quitter la maison. Il .... (prendre) son temps de bien lire les questions. Il .... (**répondre**) à toutes les questions. À la fin, il .... (relire) ses réponses attentivement. Quand il .... (**recevoir**) la copie de son examen, il .... (**être**) surpris de voir son résultat. Il .... (**découvrir**) l'importance d'étudier pour un examen.

6. Mets les verbes entre parenthèses au passé composé comme dans l'exemple.

Le vendredi dernier Anne et Claude sont partis (**partir**) de Paris à 11h et ils .... (**arriver**) à Rome vers 14h. Ils .... (**passer**) à l'hôtel pour prendre les clés de leur chambre. Après le déjeuner, Anne et son amie Lucilla .... (**aller**) au Capitole. Leurs maris .... (**s'installer**) dans un café à la place Michel-Ange. Le soir, les quatre amis .... (**monter**) sur le Janicule admirer le coucher du soleil. Puis Anne et son mari sont .... (**retourner**) à l'hôtel pour se changer. Ils .... (**sortir**) vers 8h pour dîner dans un restaurant italien sur la place Sant-Ignazio. Ils .... (**rester**) longtemps sur la terrasse du restaurant avant de renter à l'hôtel pour se coucher.

7. Mets les verbes entre parenthèses au passé composé comme dans l'exemple.

Hier, Sandrine s'est levée (**se lever**) très tôt. Elle .... (**s'habiller vite**) puis elle .... (**descendre**) en ville. Elle .... (**s'arrêter**) au Quick pour prendre un café. Quand elle .... (**ouvrir**) sa portefeuille pour payer l'addition une photo .... (**tomber**) par terre. Un garçon blond aux yeux bleus .... (**ramasser**) la photo. Il .... (**regarder**) Sandrine, il .... (**sourire**). Ils .... (**commencer**) à parler et ils .... (**passer**) toute la matinée ensemble. Sandrine .... (**oublier**) tout. Le soir elle .... (**se rappeler**) de son rendez-vous chez le médecin.

8. Complète le dialogue avec ne....pas, ne....personne, ne....... rien, ne......pas encore, ne.....plus comme dans l'exemple.

Une soirée ennuyeuse !

- Est ce que **tout le monde** est content ?
- Non, personne n'est content.
- Il y a de la bonne musique ?
- Non, ...
- On a **déjà** mis des boissons dans le frigo ?
- Non, ...
- Est que **tout** se passe bien ?
- Non, ...
- Est-ce que tous les invités sont **encore** là ?
- Non, ...

9. Complète le dialogue avec me, te, lui, nous, vous, leur comme dans l'exemple.

- Bonjour Monsieur, je peux vous aider.
- Bonjour. Je dois acheter des cadeaux pour ma femme et mes enfants. Qu'est-ce que je pourrais leur offrir ?
- Alors, un parfum pour votre femme ?
- Non, je préfère .... donner quelque chose d'autre ? qu'est-ce que vous .... proposer d'autre ?
- Une chemise en soie ?
- Oui, c'est une bonne idée !
- Et pour ma fille ?
- Elle a quel âge ?
- Elle va bientôt avoir 9 ans. Je préfère .... offrir quelque chose typiquement français.
- Prenez ce puzzle de la tour Eiffel.
- Ah oui, il .... plaît bien. Je pense qu'il va .... plaire également.

10. Complète avec me, te, nous, vous, lui, leur comme dans l'exemple.

Conseils pour bien recevoir des amis.

- Téléphone-nous quand ils arrivent.
- Donne un plan du métro **à tes amis**. Donne- .... un plan de métro !
- Explique-............... qu'ils doivent acheter un carnet de tickets de métro.
- Demande-............... s'ils ont un guide.
- Le guide, dis-............... de les amener aux musées.
- Ne .... donne pas rendez-vous dans un lieu trop fréquenté. Vous risqueriez de vous manquer !

11. Complète avec me, te, le, la, l', les, lui, leur, en comme dans l'exemple.

Qui peut m'aider à faire les courses ? Les enfants ? Non, je ne .... emmène pas. Claudine ? Je .... demande de venir avec moi ? Ou bien mon papa ? Je vais .... téléphoner. Non, je pense que je vais .... déranger. Je vais .... faire sur l'Internet. C'est plus pratique et cela ne prend pas beaucoup de temps. Alors, des pommes de terre je n' .... commande pas ! La viande non plus. Le poisson ? J' .... prends. Les biscottes ? Claude .... aime. L'eau minérale ? J' .... achète six bouteilles. C'est l'anniversaire de maman ? Je .... offre un bouquet de roses et une boîte de chocolats. Je paie avec ma carte de crédit. Internet c'est parfait !

12. Complète le texte avec moi, toi, lui, elle, nous, vous, eux, elles comme dans l'exemple.

Jeudi dernier, Charles, Louise et moi, nous avons décidé d'aller à Nice. Charles a réservé des places dans le train pour Louise et .... Je suis arrivé avant .... à la gare. Dix minutes plus tard, Charles est arrivé. Pas de Louise ! Je suis monté dans le train pour la chercher. En descendant du train je n'ai vu ni Charles ni .... sur le quai. Je me suis inquiété. Le chef de gare a donné le signal du départ. Le train est parti sans ....

Bilan

Grammatical

LES ARTICLES

En français les articles se placent devant un nom

Les articles définis

Singulier		Pluriel
Masculin	Féminin	Masculin/Féminin
un	une	des

On utilise les articles définis :

- pour parler de quelqu'un ou de quelque chose qu'on ne connaît pas précisément.

Ex. C'est **un** livre.

- pour indiquer la quantité (1)

Ex. J'ai **un** frère et **une** sœur.

Les articles définis

Singulier		Pluriel
Masculin	Féminin	Masculin/Féminin
le/l'*	la/l'*	les

*Devant a, e, i, o, u, h muet, le/la = l'

Ex. L'école est fermée aujourd'hui.

On utilise les articles définis

- pour parler de quelqu'un ou de quelque chose qu'on connaît déjà.

Ex. Le livre de Paul est sur la table.

Les articles contractés Avec « à »

Singulier		Pluriel
Masculin	Féminin	Masculin/Féminin
à + le = au	à + la = à la	à + les = aux
Attention ! **Devant a, e, i, o, u, h muet**		
à + l' = à l'	à + l' = à l'	à + les = aux

Ex. Je vais **au** restaurant.

Tu vas **à la** piscine ?

Ils vont **à l'**aéroport.

Nous allons **aux** Etats-Unis, cet été.

Les articles contractés Avec « de »

Singulier		Pluriel
Masculin	Féminin	Masculin/Féminin
de + le = du	de + la = de la	de + les = des
Attention ! Devant a, e, i, o, u, h muet		
de + l' = de l'	de + l' = de l'	de + les = des

Ex. Tous les week-ends, je fais **du** sport
Tu aimes faire **de la** natation ?
Le livre **de l'**élève est sur la table.
Le professeur rencontre les parents **des** élèves.

Les articles partitifs

Singulier		Pluriel
Masculin	Féminin	Masculin/Féminin
de + le = du	de + la = de la	de + les = des
Attention ! Devant a, e, i, o, u, h muet : de + l' = de l'		

On utilise les articles partitifs devant les noms qu'on ne peut pas compter

Ex. Je mange **du** pain avec **de la** confiture
Il boit **de l'**eau.
Prenons **des** légumes !

LES ADJECTIFS

Les adjectifs qualificatifs

Masculin		Féminin	
Pluriel	Singulier	Singulier	Pluriel
petits	petit	petite	petites
sympathiques	sympathique	sympathique	sympathiques
gris	gris	grise	grises
épais	épais	épaisse	épaisses
bons	bon	bonne	bonnes
anciens	ancien	ancienne	anciennes
légers	léger	légère	légères
gentils	gentil	gentille	gentilles

Attention !

Masculin		Féminin	
Pluriel	Singulier	Singulier	Pluriel
beaux	beau *	belle	belles
nouveaux	nouveau *	nouvelle	nouvelles
vieux	vieux *	vieille	vieilles
longs	long	longue	longues
blancs	blanc	blanche	blanches

*Devant un nom masculin + a, e, i, o, u , h muet, (y)

Beau => **bel**

Nouveau => **nouvel**

Vieux => **vieil**

Ex. Un **bel** homme

L'adjectif s'accorde en genre et en nombre avec le nom.

Généralement, l'adjectif se place après le nom.

Ex. Une robe **rose**

Certains adjectifs se place avant le nom

(petit, grand, bon, mauvais, beau)

Ex. Un **beau** garçon

Les adjectifs possessifs

Singulier			Pluriel
Sujet	Masculin	Féminin	Masculin/Féminin
Je	mon livre mon ami	ma trousse mon amie	mes livres mes trousses mes amis mes amies
Tu	ton livre ton ami	ta trousse ton amie	tes livres tes trousses tes amis tes amies
Il/Elle	son livre son ami	sa trousse son amie	ses livres ses trousses ses amis ses amies
Nous	notre professeur	notre voiture	nos professeurs nos voitures
Vous	votre professeur	votre voiture	vos professeurs vos voitures
Ils/Elles	leur professeur	leur voiture	leurs professeurs leurs voitures

On utilise les adjectifs possessifs pour exprimer l'appartenance (la possession)

Ex. C'est mon livre = Le livre est à moi

Les adjectifs possessifs varient en fonction du genre et du nombre de l'objet ;

Ex. Il montre sa maison (à lui)
Elle fait son devoir. (à elle)

Les adjectifs démonstratifs

Singulier		Pluriel
Masculin	Féminin	Masculin/Féminin
ce	cette	ces
Attention ! Devant a, e, i, o, u, h muet : ce = cet		

On utilise les adjectifs démonstratifs pour désigner une personne ou une chose

Ex. Tu achètes ce tee-shirt ou cette chemise ?
Tu connais cet homme ?
Tu connais cette école ?
Je prends ces pantalons et ces deux robes.

LES PRONOMS

Les pronoms personnels (sujet)

	Singulier	Pluriel
1 e personne	Je/J'	Nous
2 e personne	Tu	Vous
3 e personne	Il/Elle	Ils/Elles

Les pronoms personnels (compléments d'objet direct)

	Singulier	Pluriel
1 e personne	me/m'	nous
2 e personne	te/t'	vous
3 e personne	le/la/l'	les

Un pronom COD remplace un nom (personne/chose) introduit sans préposition.

Ex. Pierre **te** regarde. (regarder quelq'un)
Je mets les fleurs dans le vase. (mettre quelquechose)

Je **les** mets dans le vase

La place du pronom COD

Au présent et au futur, on met le pronom COD avant le verbe

Ex. Il écrit une lettre.

Il **l'**écrit.

Tu feras tes devoirs demain.

Tu **les** feras demain.

Avec un verbe + infinitif, on met le COD avant l'infinitif

Ex. Il va lire un poème.

Il va **le** lire.

A l'impératif affirmatif, on met le pronom COD après le verbe

Ex. Ecoute-**moi** !

Fais tes devoirs !

Fais-**les**

A l'impératif négatif, on met le pronom COD avant le verbe

Ex. N'écris pas cette lettre !

Ne **l'**écris pas !

Les pronoms personnels (compléments d'objet indirect)

	Singulier	Pluriel
1 e personne	me/m'	nous
2 e personne	te/t'	vous
3 e personne	lui	leur

Un pronom COI remplace un nom (personne) introduit par à.

Ex. Pierre **te** téléphone. (téléphoner à quelq'un)

J'écris une lettre à mes parents. (écrire à quelqu'un)

Je **leur** écris une lettre

La place du pronom COD

Au présent et au futur, on met le pronom COD avant le verbe

Ex. Il parle au directeur

Il **lui** parle

Tu montreras les photos à tes amis.

Tu **leur** montreras les photos.

Avec un verbe + infinitif, on met le COD avant l'infinitif

Ex.	Il va envoyer un télégramme à ses parents

Il va leur envoyer un télégramme.

A l'impératif affirmatif, on met le pronom COD après le verbe

Ex.	Dis-moi la vérité!

Donne des bonbons aux enfants!

Donne-leur des bonbons

A l'impératif négatif, on met le pronom COD avant le verbe

Ex.	Ne parle pas à tes camarades !

Ne leur parle pas !

Les pronoms toniques

	Singulier	Pluriel
1 e personne	moi	nous
2 e personne	toi	vous
3 e personne	lui/elle	eux/elles

Les pronoms toniques s'emploient

- seuls dans une réponse

Ex.	Qui est là ? Moi.

- pour insister, à côté des pronoms personnels sujets

Ex.	Lui, il est médecin.

- après une préposition

Ex.	Elle est rentrée chez elle.

Le pronom en

On emploie le pronom en

- pour remplacer un nom qui suit un article partitif

Ex.	Je mange du pain

J'en mange

Il boit de l'eau.

Il en boit

Prenons des légumes !

Prenons-en

- pour remplacer un nom qui suit une expression de quantité

Ex.	J'ai acheté quatre chemises

J'en ai acheté quatre.

Il prend un peu de riz avec les légumes.

Il en prend peu avec des légumes.

LA NÉGATION

Les pronoms personnels (sujet)

Phrase affirmative (+)	Phrase négative (-)
Je suis grand	Je ne suis pas grand
Il écoute la radio	Il n'écoute pas la radio

Pour exprimer une quantité nulle (zéro), la négation se construit avec ne/n' ..... pas de

Ex. j'ai une sœur ; je n'ai pas de frères.
Je mange des légumes ; je ne mange pas de viande.

Ne....personne, ne.....rien, ne.....plus, ne...jamais, ne.....pas encore

Phrase affirmative (+)	Phrase négative (-)
Tu connais quelqu'un à Paris ?	Non, je ne connais personne
Tout le monde rit.	Personne ne rit.
Tu entends quelque chose ?	Non, je n'entends rien
Il travaille toujours à la banque ?	Non, il ne travaille plus à la banque
Il est toujours en retard ?	Non, il n'est jamais en retard
Tu as déjà visité Paris ?	Non je n'ai pas encore visité paris.

Ne.....plus indique la fin d'une action

L'INTERROGATION

Intonation montante	Tu aimes danser ? (à l'oral)	Oui/Non.......
Est-ce que ... ?	Est-ce que tu aimes danser ?	
Inversion	Aimes-tu danser ?	

Pour identifier

Question	Réponses possibles
Qui est-ce ? (pour une personne)	C'est Pauline. C'est ma cousine
Qu'est-ce que c'est ? (pour une chose)	C'est un stylo. C'est le stylo de Paul.

LES PRÉSENTATIFS

Il y a

Forme affirmative (+)	Forme négative (-)
Dans la classe, il y a vingt élèves.	Dans la classe, il n'y a pas de professeur.
Dans ma chambre, il y a une armoire et un lit.	Dans ma chambre, il n'y a pas de télé.

On utilise **il y a**

- pour indiquer la présence d'une personne ou d'une chose.

On utilise **il n'y a pas de/d'**

- pour indiquer l'absence d'une personne ou d'une chose.

EXPRESSION DU LIEU

Les prépositions de lieu

Où on est ?/ Où on va ?		
À +	Ville Île	J'habite à Chennai. Pedro habite à Cuba.
En +	Pays féminin Pays commençant par une voyelle Continent	Je vais en Belgique Ils vont en Irak Tu habites en Australie ?
Au +	Pays masculin	Elle est au Portugal.
Aux +	Pays pluriel Archipel	Nous sommes aux Etats- Unis. Ils vont aux Antilles
Chez +	Personne	Je suis chez mes parents.
D'où on est/D'où on vient		
De +	Ville Île	Je suis de Chennai. Pedro vient de Cuba
Du +	Pays masculin	Elle est du Portugal.
Des +	Pays pluriel Archipel	Nous sommes des Etats- Unis. Ils viennent des Antilles.

EXPRESSION DU TEMPS

Temps	Notions exprimés	Exemples
Présent	Présent futur proche	Je vais à l'école à 8h. C'est 8h. Il part à 9h.
Présent progressif	Action en train de se faire	Il est en train de courir
Passé récent	Action qui vient de se produire	Il vient de sortir
Passé composé	Passé – une action achevée	Elle a lu «Les Misérables» Elle est partie depuis une heure
Futur proche	Action qui va se produire	Je vais préparer mes valises
Futur	Futur	L'année prochaine j'irai au Mexique

L'impératif

C'est une forme verbale sans sujet. Il n'y a que trois personnes : tu nous, vous.
On utilise l'impératif pour exprimer

- un conseil

Ex. **Fais** attention !

- un ordre

Ex. **Entrez** !

- une invitation

Ex. **Viens** faire la fête !

Les verbes

Verbes en ER (1er groupe)

Regarder	Présent	Passé Composé	Futur	Impératif
	Je regarde	J'ai regardé	Je regarderai	
	Tu regardes	Tu as regardé	Tu regarderas	Regarde!
	Il/Elle/On regarde	Il/Elle/On a regardé	Il/Elle/On regardera	
	Nous regardons	Nous avons regardé	Nous regarderons	Regardons!
	Vous regardez	Vous avez regardé	Vous regarderez	Regardez!
	Ils/Elles regardent	Ils/Elles ont regardé	Ils/Elles regarderont	

Manger*	Présent	Passé Composé	Futur	Impératif
	Je mange	J'ai mangé	Je mangerai	
	Tu manges	Tu as mangé	Tu mangeras	Mange!
	Il/Elle/On mange	Il/Elle/On a mangé	Il/Elle/On mangera	
	Nous mangeons	Nous avons mangé	Nous mangerons	Mangeons!
	Vous mangez	Vous avez mangé	Vous mangerez	Mangez!
	Ils/Elles mangent	Ils/Elles ont mangé	Ils/Elles mangeront	

* Nager

Commencer *	Présent	Passé Composé	Futur	Impératif
	Je commence	J'ai commencé	Je commencerai	
	Tu commences	Tu as commencé	Tu commenceras	Commence!
	Il/Elle/On commence	Il/Elle/On a commencé	Il/Elle /On commencera	
	Nous commençons	Nous avons commencé	Nous commencerons	Commençons!
	Vous commencez	Vous avez commencé	Vous commencerez	Commencez!
	Ils/Elles commencent	Ils/Elles ont commencé	Ils/Elles commenceront	

* Placer

Payer*	Présent	Passé Composé	Futur	Impératif
	Je paie	J'ai payé	paierai	
	Tu paies	Tu as payé	Tu paieras	Paie!
	Il/Elle/On paie	Il/Elle/On a payé	Il/Elle/On paiera	
	Nous payons	Nous avons payé	Nous payerons	Payons!
	Vous payez	Vous avez payé	Vous payerez	Payez!
	Ils/Elles paient	Ils/Elles ont payé	Ils/Elles paieront	

* Essayer - Employer

Acheter*	Présent	Passé Composé	Futur	Impératif
	J'achète	J'ai acheté	J'achèterai	
	Tu achètes	Tu as acheté	Tu achèteras	Achète!
	Il/Elle/On achète	Il/Elle/On a acheté	Il/Elle/On achètera	
	Nous achetons	Nous avons acheté	Nous achèterons	Achetons!
	Vous achetez	Vous avez acheté	Vous achèterez	Achetez!
	Ils/Elles achètent	Ils/Elles ont acheté	Ils/Elles achèteront	

* Peser

Verbes en IR (2e groupe) *

Finir	Présent	Passé Composé	Futur	Impératif
	Je finis	J'ai fini	Je finirai	
	Tu finis	Tu as fini	Tu finiras	Finis!
	IL/Elle/On finit	Il/Elle/On a fini	Il/Elle/On finira	
	Nous finissons	Nous avons fini	Nous finirons	Finissons!
	Vous finissez	Vous avez fini	Vous finirez	Finissez!
	Ils/Elles finissent	Ils/Elles ont fini	Ils/Elles finiront	

* applaudir – choisir – grandir – grossir – punir – remplir

Verbes en RE*

Répondre	Présent	Passé Composé	Futur	Impératif
	Je réponds	J'ai répondu	Je répondrai	
	Tu réponds	Tu as répondu	Tu répondras	Réponds!
	Il/Elle/On répond	Il/Elle/On a répondu	Il/Elle/On répondra	
	Nous répondons	Nous avons répondu	Nous répondrons	Répondons!
	Vous répondez	Vous avez répondu	Vous répondrez	Répondez!
	Ils/Elles répondent	Ils/Elles ont répondu	Ils/Elles répondront	

* attendre - descendre – entendre - Vendre

Verbes Irréguliers

Avoir	Présent	Passé Composé	Futur	Impératif
	J'ai	J'ai eu	J' aurai	
	Tu as	Tu as eu	Tu auras	Aie!
	Il/Elle/On a	Il/Elle/On a eu	Il/Elle /On aura	
	Nous avons	Nous avons eu	Nous aurons	Ayons!
	Vous avez	Vous avez eu	Vous aurez	Ayez!
	Ils/Elles ont	Ils/Elles ont eu	Ils/Elles auront	

Etre	Présent	Passé Composé	Futur	Impératif
	Je suis	J'ai été	Je serai	
	Tu es	Tu as été	Tu seras	Sois!
	Il/Elle/On est	Il/Elle/On a été	Il/Elle/On sera	
	Nous sommes	Nous avons été	Nous serons	Soyons!
	Vous êtes	Vous avez été	Vous serez	Soyez!
	Ils/Elles sont	Ils/Elles ont été	Ils/Elles seront	

Aller	Présent	Passé Composé	Futur	Impératif
	Je vais	Je suis allé (e)	J' irai	
	Tu vas	Tu es allé(e)	Tu iras	Va!
	Il/Elle/On va	Il/Elle/On est allé(e)	Il/Elle/On ira	
	Nous allons	Nous sommes allé(e)s	Nous irons	Allons!
	Vous allez	Vous êtes allé(e)s	Vous irez	Allez!
	Ils/Elles vont	Ils/Elles sont allé(e)s	Ils/Elles iront	

S'appeler	Présent	Passé Composé	Futur	Impératif
	Je m'appelle	Je me suis appelé(e)	Je m'appellerai	
	Tu t'appelles	Tu t'es appelé(e)	Tu t'appelleras	Appelle-toi!
	Il/Elle/On s'appelle	Il/Elle/On s'est appelé(e)	Il/Elle/On s'appellera	
	Nous nous appelons	Nous nous sommes appelé(e)s	Nous nous appellerons	Appelons-nous!
	Vous vous appelez	Vous vous êtes appelé(e)s	Vous vous appellerez	Appelez-vous!
	Ils/Elles s'appellent	Ils/Elles se sont appelé(e)s	Ils/Elles s'appelleront	

S'asseoir	Présent	Passé Composé	Futur	Impératif
	Je m'assieds	Je me suis assis(e)	Je m'assiérai	
	Tu t'assieds	Tu t'es assis(e)	Tu t'assiéras	Assieds-toi!
	Il/Elle/On s'assied	Il/Elle/On s'est assis(e)	Il/Elle/On s'assiéra	
	Nous nous asseyons	Nous nous sommes assis(e)s	Nous nous assiérons	Asseyons-nous!
	Vous vous asseyez	Vous vous êtes assis(e)s	Vous vous assiérez	Asseyez-vous!
	Ils/Elles s'asseyent	Ils/Elles se sont assis(e)s	Ils/Elles s'assiéront	

Boire	Présent	Passé Composé	Futur	Impératif
	Je bois	J'ai bu	Je boirai	
	Tu bois	Tu as bu	Tu boiras	Bois!
	Il/Elle/On boit	Il/Elle/On a bu	Il/Elle/On boira	
	Nous buvons	Nous avons bu	Nous boirons	Buvons!
	Vous buvez	Vous avez bu	Vous boirez	Buvez!
	Ils/Elles boivent	Ils/Elles ont bu	Ils/Elles boiront	

Connaître*	Présent	Passé Composé	Futur	Impératif
	Je connais	J'ai connu	Je connaîtrai	
	Tu connais	Tu as connu	Tu connaîtras	Connais!
	Il/Elle/On connaît	Il/Elle/On a connu	Il/Elle/On connaîtra	
	Nous connaissons	Nous avons connu	Nous connaîtrons	Connaissons!
	Vous connaissez	Vous avez connu	Vous connaîtrez	Connaissez!
	Ils/Elles connaissent	Ils/Elles ont connu	Ils/Elles connaîtront	

* Reconnaître

Courir	Présent	Passé Composé	Futur	Impératif
	Je cours	J'ai couru	Je courrai	
	Tu cours	Tu as couru	Tu courras	Cours!
	Il/Elle/On court	Il/Elle/On a couru	Il/Elle/On courra	
	Nous courons	Nous avons couru	Nous courrons	Courons!
	Vous courez	Vous avez couru	Vous courrez	Courez!
	Ils/Elles courent	Ils/Elles ont couru	Ils/Elles courront	

Devoir	Présent	Passé Composé	Futur	Impératif
	Je dois	J'ai dû	Je devrai	
	Tu dois	Tu as dû	Tu devras	Dois!
	Il/Elle/On doit	Il/Elle/On a dû	Il/Elle/On devra	
	Nous devons	Nous avons dû	Nous devrons	Devons!
	Vous devez	Vous avez dû	Vous devrez	Devez!
	Ils/Elles doivent	Ils/Elles ont dû	Ils/Elles devront	

Dire*	Présent	Passé Composé	Futur	Impératif
	Je dis	J'ai dit	Je dirai	
	Tu dis	Tu as dit	Tu diras	Dis!
	Il/Elle/On dit	Il/Elle/On a dit	Il/Elle/On dira	
	Nous disons	Nous avons dit	Nous dirons	Disons!
	Vous dites	Vous avez dit	Vous direz	Dites!
	Ils/Elles disent	Ils/Elles ont dit	Ils/Elles diront	

* Redire

Dormir	Présent	Passé Composé	Futur	Impératif
	Je dors	J'ai dormi	Je dormirai	
	Tu dors	Tu as dormi	Tu dormiras	Dors!
	Il/Elle/On dort	Il/Elle/On a dormi	Il/Elle/On dormira	
	Nous dormons	Nous avons dormi	Nous dormirons	Dormons!
	Vous dormez	Vous avez dormi	Vous dormirez	Dormez!
	Ils/Elles dorment	Ils/Elles ont dormi	Ils/Elles dormiront	

Ecrire	Présent	Passé Composé	Futur	Impératif
	J'écris	J'ai écrit	Je écrirai	
	Tu écris	Tu as écrit	Tu écriras	Ecris!
	Il/Elle/On écrit	Il/Elle/On a écrit	Il/Elle/On écrira	
	Nous écrivons	Nous avons écrit	Nous écrirons	Ecrivons!
	Vous écrivez	Vous avez écrit	Vous écrirez	Ecrivez!
	Ils/Elles écrivent	Ils/Elles ont écrit	Ils/Elles écriront	

Envoyer*	Présent	Passé Composé	Futur	Impératif
	J'envoie	J'ai envoyé	J'enverrai	
	Tu envoies	Tu as envoyé	Tu enverras	Envoie!
	Il/Elle/On envoie	Il/Elle/On a envoyé	Il/Elle/On enverra	
	Nous envoyons	Nous avons envoyé	Nous enverrons	Envoyons!
	Vous envoyez	Vous avez envoyé	Vous enverrez	Envoyez!
	Ils/Elles envoient	Ils/Elles ont envoyé	Ils/Elles enverront	

* Renvoyer

	Présent	Passé Composé	Futur	Impératif
	Je fais	J'ai fait	Je ferai	
	Tu fais	Tu as fait	Tu feras	Fais!
Faire*	Il/Elle/On fait	Il/Elle/On a fait	Il/Elle/On fera	
	Nous faisons	Nous avons fait	Nous ferons	Faisons!
	Vous faites	Vous avez fait	Vous ferez	Faites!
	Ils/Elles font	Ils/Elles ont fait	Ils/Elles feront	

* Refaire

	Présent	Passé Composé	Futur	Impératif
	Je lis	J'ai lu	Je lirai	
	Tu lis	Tu as lu	Tu liras	Lis!
Lire*	Il/Elle/On lit	Il/Elle/On a lu	Il/Elle/On lira	
	Nous lisons	Nous avons lu	Nous lirons	Lisons!
	Vous lisez	Vous avez lu	Vous lirez	Lisez!
	Ils/Elles lisent	Ils/Elles ont lu	Ils/Elles liront	

* Relire

	Présent	Passé Composé	Futur	Impératif
	Je mets	J'ai mis	Je mettrai	
	Tu mets	Tu as mis	Tu mettras	Mets!
Mettre*	Il/Elle/On met	Il/Elle/On a mis	Il/Elle/On mettra	
	Nous mettons	Nous avons mis	Nous mettrons	Mettons!
	Vous mettez	Vous avez mis	Vous mettrez	Mettez!
	Ils/Elles mettent	Ils/Elles ont mis	Ils/Elles mettront	

* Remettre – Permettre - Promettre

	Présent	Passé Composé	Futur	Impératif
	Je meurs	Je suis mort (e)	Je mourrai	
	Tu meurs	Tu es mort(e)	Tu mourrras	Meurs!
Mourir	Il/Elle/On meurt	Il/Elle/On est mort(e)	Il/Elle/On mourra	
	Nous mourons	Nous sommes mort(e)s	Nous mourrons	Mourons!
	Vous mourez	Vous êtes mort(e)s	Vous mourrez	Mourez!
	Ils/Elles meurent	Ils/Elles sont mort(e)s	Ils/Elles mourront	

Naître*	Présent	Passé Composé	Futur	Impératif
	Je nais	Je suis né(e)	Je naîtrai	
	Tu nais	Tu es né(e)	Tu naîtras	
	Il/Elle/On naît	Il/Elle/On est né(e)	Il/Elle/On naîtra	Peu utilisé!
	Nous naissons	Nous sommes né(e)s	Nous naîtrons	
	Vous naissez	Vous êtes né(e)s	Vous naîtrez	
	Ils/Elles naissent	Ils/Elles sont né(e)s	Ils/Elles naîtront	

* Renaître

Ouvrir*	Présent	Passé Composé	Futur	Impératif
	J'ouvre	J'ai ouvert	J' ouvrirai	
	Tu ouvres	Tu as ouvert	Tu ouvriras	Ouvre!
	Il/Elle/On ouvert	Il/Elle/On a ouvert	Il/Elle/On ouvrira	
	Nous ouvrons	Nous avons ouvert	Nous ouvrirons	Ouvrons!
	Vous ouvrez	Vous avez ouvert	Vous ouvrirez	Ouvrez!
	Ils/Elles ouvrent	Ils/Elles ont ouvert	Ils/Elles ouvriront	

* Couvrir- Offrir

Partir*	Présent	Passé Composé	Futur	Impératif
	Je pars	Je suis parti(e)	Je partirai	
	Tu pars	Tu es parti(e)	Tu partiras	Pars!
	Il/Elle/On part	Il/Elle/On est parti(e)	Il/Elle/On partira	
	Nous partons	Nous sommes parti(e)s	Nous partirons	Partons!
	Vous partez	Vous êtes parti(e)s	Vous partirez	Partez!
	Ils/Elles partent	Ils/Elles sont parti(e)s	Ils/Elles partiront	

* Repartir - Sortir

Plaire	Présent	Passé Composé	Futur	Impératif
	Je plais	J'ai plu	Je plairai	
	Tu plais	Tu as plu	Tu plairas	Plais!
	Il/Elle/On plaît	Il/Elle/On a plu	Il/Elle/On plaira	
	Nous plaisons	Nous avons plu	Nous plairons	Plaisons!
	Vous plaisez	Vous avez plu	Vous plairez	Plaisez!
	Ils/Elles plaisent	Ils/Elles ont plu	Ils/Elles plairont	

Pouvoir	Présent	Passé Composé	Futur	Impératif
	Je peux	J'ai pu	Je pourrai	
	Tu peux	Tu as pu	Tu pourras	
	Il/Elle/On peut	Il/Elle/On a pu	Il/Elle/On pourra	N'existe pas
	Nous pouvons	Nous avons pu	Nous pourrons	
	Vous pouvez	Vous avez pu	Vous pourrez	
	Ils/Elles peuvent	Ils/Elles ont pu	Ils/Elles pourront	

Prendre*	Présent	Passé Composé	Futur	Impératif
	Je prends	J'ai pris	Je prendrai	
	Tu prends	Tu as pris	Tu prendras	Prends!
	Il/Elle/On prend	Il/Elle/On a pris	Il/Elle/On prendra	
	Nous prenons	Nous avons pris	Nous prendrons	Prenons!
	Vous prenez	Vous avez pris	Vous prendrez	Prenez!
	Ils/Elles prennent	Ils/Elles ont pris	Ils/Elles prendront	

* Reprendre - apprendre- Comprendre- Surprendre

Rire*	Présent	Passé Composé	Futur	Impératif
	Je ris	J'ai ri	Je rirai	
	Tu ris	Tu as ri	Tu riras	Ris!
	Il/Elle/On rit	Il/Elle/On a ri	Il/Elle/On rira	
	Nous rions	Nous avons ri	Nous rirons	Rions!
	Vous riez	Vous avez ri	Vous rirez	Riez!
	Ils/Elles rient	Ils/Elles ont ri	Ils/Elles riront	

* Sourire

Savoir	Présent	Passé Composé	Futur	Impératif
	Je sais	J'ai su	Je saurai	
	Tu sais	Tu as su	Tu sauras	Sache!
	Il/Elle/On sait	Il/Elle/On a su	Il/Elle/On saura	
	Nous savons	Nous avons su	Nous saurons	Sachons!
	Vous savez	Vous avez su	Vous saurez	Sachez!
	Ils/Elles savent	Ils/Elles ont su	Ils/Elles sauront	

Servir	Présent	Passé Composé	Futur	Impératif
	Je sers	J'ai servi	Je servirai	
	Tu sers	Tu as servi	Tu serviras	Sers!
	Il/Elle/On sert	Il/Elle/On a servi	Il/Elle/On servira	
	Nous servons	Nous avons servi	Nous servirons	Servons!
	Vous servez	Vous avez servi	Vous servirez	Servez!
	Ils/Elles servent	Ils/Elles ont servi	Ils/Elles serviront	

Tenir*	Présent	Passé Composé	Futur	Impératif
	Je tiens	J'ai tenu	Je tiendrai	
	Tu tiens	Tu as tenu	Tu tiendras	Tiens!
	Il/Elle/On tient	Il/Elle/On a tenu	Il/Elle/On tiendra	
	Nous tenons	Nous avons tenu	Nous tiendrons	Tenons!
	Vous tenez	Vous avez venu	Vous tiendrez	Tenez!
	Ils/Elles tiennent	Ils/Elles ont tenu	Ils/Elles tiendront	

* Retenir

Venir*	Présent	Passé Composé	Futur	Impératif
	Je viens	Je suis venu(e)	Je viendrai	
	Tu viens	Tu es venu(e)	Tu viendras	Viens!
	Il/Elle/On vient	Il/Elle/On est venu(e)	Il/Elle/On viendra	
	Nous venons	Nous sommes venu(e)s	Nous viendrons	Venons!
	Vous venez	Vous êtes venu(e)s	Vous viendrez	Venez!
	Ils/Elles viennent	Ils/Elles sont venu(e)s	Ils/Elles viendront	

* Devenir - Revenir

Vivre	Présent	Passé Composé	Futur	Impératif
	Je vis	J'ai vécu	Je vivrai	
	Tu vis	Tu as vécu	Tu vivras	Vis!
	Il/Elle/On vit	Il/Elle/On a vécu	Il/Elle/On vivra	
	Nous vivons	Nous avons vécu	Nous vivrons	Vivons!
	Vous vivez	Vous avez vécu	Vous vivrez	Vivez!
	Ils/Elles vivent	Ils/Elles ont vécu	Ils/Elles vivront	

Voir	Présent	Passé Composé	Futur	Impératif
	Je vois	J'ai vu	Je verrai	
	Tu vois	Tu as vu	Tu verras	Vois!
	Il/Elle/On voit	Il/Elle/On a vu	Il/Elle/On verra	
	Nous voyons	Nous avons vu	Nous verrons	Voyons!
	Vous voyez	Vous avez vu	Vous verrez	Voyez!
	Ils/Elles voient	Ils/Elles ont vu	Ils/Elles verront	

Vouloir	Présent	Passé Composé	Futur	Impératif
	Je veux	J'ai voulu	Je voudrai	
	Tu veux	Tu as voulu	Tu voudras	Veuille!
	Il/Elle/On veut	Il/Elle/On a voulu	Il/Elle/On voudra	
	Nous voulons	Nous avons voulu	Nous voudrons	Veuillons!
	Vous voulez	Vous avez voulu	Vous voudrez	Veuillez!
	Ils/Elles veulent	Ils/Elles ont voulu	Ils/Elles voudront	

Verbes impersonnels

Falloir	Présent	Passé Composé	Futur	Impératif
	Il faut	Il a fallu	Il faudra	N'existe pas

Pleuvoir	Présent	Passé Composé	Futur	Impératif
	Il pleut	Il a plu	Il pleuvra	N'existe pas

Verbe Pronominal

Se Lever	Présent	Passé Composé	Futur	Impératif
	Je me lève	Je me suis levé(e)	Je me lèverai	
	Tu te lèves	Tu t'es levé (e)	Tu te lèveras	Lève-toi!
	Il/Elle/On se lève	Il/Elle/On s'est levé(e)	Il/Elle/On se lèvera	
	Nous nous levons	Nous nous sommes levé(e)s	Nous nous lèverons	Levons-nous!
	Vous vous levez	Vous vous êtes levé(e)s	Vous vous lèverez	Levez-vous!
	Ils/Elles se lèvent	Ils/Elles se sont levé(e)s	Ils/Elles se lèveront	

Le futur proche

Sujet+Verbe « aller » au présent+infinitif

Regarder	Finir	Répondre
Je vais regarder	Je vais finir	Je vais répondre
Tu vas regarder	Tu vas finir	Tu vas répondre
Il/Elle/On va regarder	Il/Elle/On va finir	Il/Elle/On va répondre
Nous allons regarder	Nous allons finir	Nous allons répondre
Vous allez regarder	Vous allez finir	Vous allez répondre
Ils/Elles vont regarder	Ils/Elles vont finir	Ils/Elles vont répondre

Le passé récent

Sujet+Verbe « venir » au présent+de + infinitif

Regarder	Finir	Répondre
Je viens de regarder	Je viens de finir	Je viens de répondre
Tu viens de regarder	Tu viens de finir	Tu viens de répondre
Il/Elle/On vient de regarder	Il/Elle/On vient de finir	Il/Elle/On vient de répondre
Nous venons de regarder	Nous venons de finir	Nous venons de répondre
Vous venez de regarder	Vous venez de finir	Vous venez de répondre
Ils/Elles viennent de regarder	Ils/Elles viennent de finir	Ils/Elles viennent de répondre

Le présent progressif

Sujet+verbe « être » au présent+en train de + infinitif

Regarder	Finir	Répondre
Je suis en train de regarder	Je suis en train de finir	Je suis en train de répondre
Tu es en train de regarder	Tu es en train de finir	Tu es en train de répondre
Il/Elle/On est en train de regarder	Il/Elle/On est en train de finir	Il/Elle/On est en train de répondre
Nous sommes en train de regarder	Nous sommes en train de finir	Nous sommes en train de répondre
Vous êtes en train de regarder	Vous êtes en train de finir	Vous êtes en train de répondre
Ils/Elles sont en train de regarder	Ils/Elles sont en train de finir	Ils/Elles sont en train de répondre

Transcriptions

Leçon 1

L'agenda de Lucie (p. 4)

(C'est vendredi. Lucie est à la maison. Le téléphone sonne)

- Allô, Lucie ! Ici, Marie.
- Bonjour Marie ! Ça va ?
- Oui. Qu'est-ce que tu fais ce week-end ?
- Le samedi, le matin à 10h je pars à la campagne. A midi, je déjeune chez les Legrand. Puis, à 14h, je vais faire des courses au supermarché avec maman. A 16h, je vais au stade Léo Lagrange pour un match de football. Le soir, il y a un beau film à la télé à 21h.
- Et le dimanche tu es libre ?
- Non, désolée. Le matin à 6h je vais me promener dans les bois. Après je vais faire mes devoirs. Nous rentrons à Lyon vers 20h.
- Bon week-end, Lucie !
- Merci Marie. A toi aussi.

La météo (p. 31)

Demain il pleuvra à Paris. N'oubliez pas vos parapluies.
Dans la région de Perpignan de gros orages éclateront en début d'après-midi.
Des chutes de neige importantes dans les Alpes
Le vent soufflera très fort dans la région de Nantes
Le centre de la France restera dans le brouillard jusqu'à la fin de la journée.
Des éclaircies s'installeront à Bordeaux et les températures seront en hausse
Il fera beau en Corse. Le soleil brillera.

A la radio (p. 31)

Bonjour ! Vous écoutez Radio Nice FM. Aujourd'hui avec la Tante Gourmandise nous allons préparer la socca.

Tante Gourmandise : Pour faire la socca, il vous faut

- 250 g de farine de pois chiches
- 2 c. à soupe d'huile d'olive
- 500 ml d'eau
- sel, poivre

1. D'abord, préparez la pâte. Mélangez l'eau, l'huile, la farine, le sel et le poivre;
2. Battez bien le mélange au fouet pour éliminer tous les grumeaux.
3. Filtrez au chinois.
4. Ensuite, versez une fine couche de 2 à 3 millimètres sur une plaque enduite d'huile d'olive;
5. Laissez reposer quelques minutes;
6. Puis, passez au four à bois très chaud ou sous le grill à puissance maximale;
7. Percez les bulles dès qu'elles se forment avec une fourchette;
8. Enfin, retirez du four dès qu'elle est bien dorée, avec même un peu de brûlé. Poivrez
9. Découpez en carrés, servez chaud.

Leçon 4

Tour de France (pp. 35-36)

Ici Gérard Villiers, au départ du Tour de France. C'est l'étape de montagne, d'Embrun à l'Alpe-d'Huez. Elle a 210.5 Km de long. Elle n'est pas facile. Les cyclistes vont partir dans quelques minutes. Ils sont en train de s'échauffer une dernière fois. C'est parti ! On vient de donner le signal du départ. Je vais suivre les coureurs.

Ils viennent de sortir de la ville et maintenant ils vont commencer à grimper. Ils sont en train de grimper le Col du Galibier. Oh là là..... Un coureur vient de tomber. L'ambulance vient d'arriver. Est-ce qu'il est blessé ? Je vais me renseigner auprès des médecins. Oui, c'est grave ! On va transporter le blessé à l'hôpital.

Chez le Médecin (p. 40)

Lundi matin il y a beaucoup de personnes chez le médecin.
Moi, j'ai mal au ventre.
Madame Bleue a mal au cou.
Monsieur Rouge a très mal à la tête.
Jean-Pierre a mal à l'oreille.
Madame Brune a de la fièvre.
Monsieur Jaune a mal à l'épaule.
Marc Lenoir a mal au dos.
Marie Lablanche a mal à la main.
Monsieur Vert a mal à la gorge.
Madame Orange a mal au genou.
Mathieu a mal au pied.

Leçon 5

Monsieur fait des courses (p. 47)

- Allô chéri ! Mes parents vont venir chez nous le week-end. Tu vas faire les courses ?
- D'accord. Qu'est-ce que j'achète ?
- Pour le petit déjeuner tu achètes les biscottes, le beurre et le miel. Tu les prends chez l'épicier du coin.
- D'accord.
- Et puis, tu vas au marché. Les pommes de terre, la salade et les fruits, tu les achètes chez le marchand de légumes à l'entrée du marché.
- Hmm....ensuite ?
- Je vais préparer une fondue le soir. Chez le fromager tu vas acheter le fromage à fondue. Attention ! Tu le choisis bien.
- C'est tout ?
- Non, l'eau minérale ne l'oublie pas. La bière, papa l'aime bien. Tu la mets dans le frigo toute de suite. Tu paies le tout avec ta carte de crédit. L'argent dans le porte-monnaie, ne le dépense pas.

Leçon 7

Au magasin de jouets (p. 72)

(Mme Joujou a surpris un voleur dans son magasin de jouets. Son voisin M. Le Bois a entendu son appel de secours. Les deux racontent à l'inspecteur de police ce qui s'est passé.)

L'inspecteur de police : Calmez-vous madame ! Racontez moi ce qui s'est passé !

Mme Joujou : Je suis arrivée au magasin vers 8h. Quand je suis entrée j'ai vu un jeune homme masqué avec un gros sac sur le dos. J'ai crié « Voleur ! Voleur ». Le voleur a sauté sur la table près de la fenêtre et il est parti. M. Le Bois, le libraire est venu tout de suite.

L'inspecteur de police : Et vous, M Le Bois qu'est-ce que vous avez vu ?

M le Bois : J'ai entendu un cri, puis un grand bruit. Quand je suis arrivé devant le magasin j'ai vu un jeune homme en train de sauter par la fenêtre. Il est tombé, mais il s'est vite relevé. Il est parti vers l'arrêt de bus en courant. Je l'ai suivi mais je n'ai pas pu la rattraper. Alors, je suis rentré et je vous ai téléphoné.

Parle-moi d'amour (p. 78)

Présentateur : Bonjour ! Vous écoutez Radio FM. Dans l'émission « Parle-moi d'amour » nous avons 4 jeunes dans le studio. Ils vont nous dire comment ils font pour aborder une fille ou un garçon qui leur plaît. Tout d'abord écoutons Jérôme lycéen, 16 ans.

Jérôme : Quand une fille me plaît, je demande à sa meilleure amie si elle a déjà un copain ou non, ce qu'elle aime... Je m'informe, quoi ! Après, je lui propose d'aller voir un film qu'elle aimera ou je l'invite à aller dans son café préféré ou bien je lui propose de sortir avec moi. C'est pratique de savoir avant ce qu'elle aime !

Présentateur : Merci Jérôme pour ces conseils pratiques. Et maintenant c'est le tour de Muriel.

Muriel : Bonjour, moi c'est Muriel. J'ai 15 ans et j'étudie au collège St. Jean. Ma meilleure amie organise souvent les fêtes où elle invite des garçons sympas. S'il y a un garçon qui me plaît, je demande à mon amie de me le présenter. Après, c'est facile de lui parler. Je lui pose des questions pour mieux le connaître. Et quand il y a une belle musique romantique, je l'invite à danser avec moi.

Présentateur : Merci Muriel. Et toi Michel ....

Mon petit dictionnaire

Les abbreviations

m.	**:**	**masculin**	**f.**	**:**	**féminin**
n.	**:**	**nom**	**pron.**	**:**	**pronom**
v.	**:**	**verbe**	**adv.**	**:**	**adverbe**
adj.	**:**	**adjectif**	**prép.**	**:**	**préposition**

A

aborder (v.)	to approach
aboyer (v.)	to bark
accueillir (v.)	to welcome
acheter (v.)	to buy
addition (n.f.)	bill
aéroport (n.m.)	airport
agenda (n.m.)	diary
aimer (v.)	to like,love
aliment (n.m)	food
aller (v)	to go
ananas (n.m.)	pineapple
appel de secours (n.m.)	cry for help
applaudir (v.)	to clap
arrêt de bus (n.m.)	bus stop
arriver (v.)	arrive
aussi (adv.)	also
avoir mal (v.)	to hurt
avoir peur (v.)	to be afraid

B

banane (n.f.)	banana
bande dessinée (n.f.)	comic book
battre (v.)	to beat
beurre (n.m.)	butter
bientôt (adv.)	soon
bière (n.f.)	beer
biscotte (n.f.)	rusk
blessé (n.m.)	injured person
bois (m.pl.)	woods
bol (n.m)	bowl
bonjour (n.m)	goodday
boulot (n.m.)	job,work
boutique (n.f.)	shop
bras (n.m.)	arm
brouillard (n.m.)	fog,mist
brûlé (n.m)	burnt
bulle (n.f)	bubble
bulletin météo (m.s.)	weather report

C

café (n.m.)	coffee, café
campagne (n.f.)	countryside
céréales (n.f.pl)	cereals
chaîne (f.s.)	channel
charcuterie (n.f.)	cooked meats
chocolat (n.m.)	chocolate
choix (m.s.)	choice
chute de neige (n.f.)	snowfall
ciel (n.m.)	sky
cigarette (n.f.)	cigarette
citron (n.m.)	lemon
clocher (n.m.)	steeple
coin (n.m.)	corner
confiture (n.f.)	jam
conseil (n.m.)	to approach
consulter (v.)	to consult
corral (n.m.)	coral
correspondant (n.m)	pen pal
cou (n.m.)	neck
couche (n.f)	layer
coude (n.m.)	elbow
courir (v)	to run
croissant (n.m.)	croissant

D

d'abord (adv.)	at first

décongeler (v)	to thaw
déjeuner (v)	to have lunch
départ (n.m.)	departure
dépenser (v.)	to spend
désaltérer	to quench one's thirst
désolé,e (adj.)	sorry
dessert (n.m.)	dessert
dessiner (v)	to draw
dessins animés (n.m.pl.)	cartoons
devant (prép)	in front of
devoirs (m.pl)	homework
difficile (m.f.s.)	difficult
dîner (v.)	to have dinner
dire (v)	to say
discuter (v.)	to discusss
divertissement (n.m.)	entertaintment
doigts (n.m.pl)	fingers
dos (n.m.)	back
douche (n.f.)	shower
E	
eau (n.f.)	water
eclaircie (n.f.)	sunny spell
école (n.f.)	school
écraser (v.)	to crush
écrire (v)	to write
écurie (n.f.)	stable
église (n.f.)	church
égrener (v.)	to tick by
émission (n.f.)	TV or radio programme
enduit, e (adj.)	coated
enfant (m.s.)	child
en hausse (loc. adj.)	increasing
entrer (v.)	to enter
épaule (n.f.)	shoulder
épicier (n.m.)	grocer
éponge (n.f.)	sponge
étape (n.f.)	stage

être content (v.)	to be pleased
événements (n.m.pl.)	events
F	
faire des courses	to do shopping
faire peur (v.)	to scare
famille (n.f.)	family
fanatique (m.f.s.)	fan
farine (n.f.)	flour
femme (n.f.)	wife,woman
film (n.m.)	film
football (n.m.)	football
fouet (n.m.)	whisk
four à micro-ondes (n.m.)	microwave oven
fourchette (n.f.)	fork
fraise (n.f.)	strawberry
français,e (adj.)	French
frites (n.f.pl)	french fries
fromage (n.m.)	cheese
fruit (n.m.)	fruit
G	
garder (v.)	to look after
gâteau (n.m.)	cake
genou (n.m.)	knee
goûter (n.m.)	afternoon snack
grave (adj.)	serious
grimper (v.)	to climb
gronder (v.)	to scold
gros, sse (adj.)	big, fat
grumeau (n.m)	lump
H	
heure (n.f.)	hour
horloge (n.f.)	clock
huile (n.f.)	oil
J	
jambe (n.f.)	leg
jeu (n.m)	game
journal (n.m.)	news
jus de fruit (n.m.)	fruit juice

L	
légumes (n.m.pl.)	vegetables
lendemain (n.m.)	next day
lettre (n.f.)	letter
libraire (n.m.f.)	book seller
libre (adj.)	free
lire (v.)	to read
M	
magasin (n.m.)	shop
magicien (n.m)	magician
main (n.f.)	hand
maison (n.f.)	house
maman (n.f.)	mother
manger (v.)	to eat
marché (n.m.)	market
match (n.m.)	match
mathématiques (n.f.pl.)	maths
matin (n.m)	morning
mauricien,ienne	Mauritian
médecin (m.s.)	doctor
mélanger (v.)	to mix
merci (n.m.)	thankyou
midi (n.m.)	midday
miel (n.m.)	honey
minuit (n.f.)	midnight
mois (n.m.)	month
montagne (n.f.)	mountain
mourir (v.)	to die
N	
nager (v)	to swim
naître	to be born
neiger (v.)	to snow
nez (n.m.)	nose
niçois,e (adj)	from Nice
O	
oeuf (n.m.)	egg
omelette (n.f.)	omelet
orage (n.m.)	storm
oeil (n.m.)	eye
oreille (n.f.)	ear
P	
pain (n.m.)	bread
parapluie (n.m.)	umbrella
pelouse (n.f.)	lawn
percer (v.)	to pierce
père (n.m.)	father
petit déjeuner (n.m.)	breakfast
petit écran (n.m.)	T.V.
pied (n.m.)	foot
piquer une crise (v.)	to get hysterical
plaque (n.f.)	tray
plâtre (n.m.)	plaster
pleuvoir (v.)	to rain
plonger (v)	to dive
poisson (n.m.)	fish
poitrine (n.f.)	chest
policier ,ère (adj.)	detective
pommes de terre (n.f.pl)	potatoes
porte-monnaie (n.m.)	purse
potage (n.m.)	soup
poubelle (n.f.)	dustbin
poulain (n.m.)	colt
prendre (v.)	to take
prochain,e (adj.)	next
programme (n.m.)	programme, schedule
Q	
quiz (n.m.)	quiz
R	
rarement (adv.)	rarely
rechauffer (v.)	to warm up
rendre visite (v.)	to visit
rentrer (v.)	to return
renverser (v.)	to knock over
repas (n.m.)	meal
résolution (n.f.)	resolution
réveil (n.m.)	alarm clock
ruelle (n.f.)	narrow street, alley

S

s'amuser (v.)	to have fun
s' échauffer (v.)	to warm up
s' écrier (v.)	to shout,exclaim
s' intéresser à (v.)	to be interested in
salade (n.f.)	salad
sauter (v.)	to jump
savon (n.m.)	soap
se baigner (v.)	to bathe
se coucher (v)	to lie down
se dépêcher (v)	to hurry up
se laver les dents	to brush one's teeth
se lever (v.)	to get up
se plaire (v.)	to like,love
se préparer	to get ready
se présenter	to introduce
se promener	to go for a walk
se renseigner (v.)	to make enquiries
se reposer	to rest
se réveiller (v.)	to wake up
s'échauffer (v.)	to warm up
secret (n.m.)	secret
s'entendre	to agree
série (f.s.)	TV series
serveur (n.m.)	waiter
s'habiller	to dress up
soir (n.m.)	evening
soleil (n.m.)	sun
sonner (v)	to ring
souffler (v.)	to blow
spectateur (n.m.)	spectator
stade (n.m.)	stadium
supermarché (n.m.)	supermarket
sur (prép.)	on

T

tablier (n.m.)	apron
tarte (n.f.)	tart
tartine (n.f.)	slice of bread
téléphone (n.m.)	telephone
télévision, télé (n.f.)	television
terrine (n.f.)	terrine
tête (n.f.)	head
thé (n.m.)	tea
tirer (v)	to shoot
tours de magie (n.m.)	magic tricks
tranquillement (adv.)	calmly
transporter (v.)	to move,transport

V

vacances (n.f.pl.)	vacation
veau (n.m.)	calf
venir (v.)	to come
ventre (n.m.)	stomach
vers (prép.)	towards, around
viande (n.f.)	meat
vieux, vieille (adj.)	old
ville (n.f.)	town
vin (n.m.)	wine
voir (v.)	to see
voisin (n.m.)	neighbour
voix (n.f.)	voice
voleur (n.m)	thief
vouloir (v.)	To wish,want
voyage (n.m.)	journey, trip

W

week-end (n.m.)	weekend

Y

yaourt (n.m.)	yoghurt
yeux (n.m.pl)	eyes

Ici, j'apprends et je note des nouveaux mots.

Phonétique

	Voyelles et semi-voyelles	
[a]	**a** → *ami*	**à** → *déjà*
[ɑ]	**a** → *pas*	**â** → *théâtre*
[e]	**é** → *méchant* **e** + consonne finale muette → *pied, les*	
[ɛ]	**ai** → *je sais* **ay** → *je paye* **è** → *mère* **ê** → *fête* **e** + consonne finale prononcée → *mer*	**ë** → *Noël* **ei** → *treize* **et** → *bonnet*
[i]	**i** → *petit* **y** → *pays*	**î** → *île*
[ɔ]	**o** → *fort*	**um** → *album*
[o]	**au** → *animaux* **eau** → *bateau*	**o** → *vélo* **ô** → *fantôme*
[u]	**ou** → *sous* **oû** → *goûter*	**où** → *où*
[y]	**u** → *plus* **eu** → *j'ai eu* (participe passé de *avoir*)	**û** → *sûr*
[ø]	**eu** → jeu	
[œ]	**eu** + consonne finale prononcée → *leur* **œ** → *œil*	**œu** → *sœur*
[ə]	**e** → *je*	
[ɑ̃]	**an** → *grand* **en** → *dent*	**am** → *jambe* **em** → *temps*
[ɛ̃]	**in** → *lapin* **ain** → *main* **ein** → *peintre* **ym** → *symbole*	**im** → *timbre* **aim** → *faim* **en** → *chien*
[œ̃]	**un** → *lundi*	**um** → *parfum*
[ɔ̃]	**on** → *poisson*	**om** → *combien*
[j]	**i** → *idiot* **ill** → *habille* **hi** → *cahier*	**y** → *essayer* **il** → *soleil*
[w]	**ou** → *oui* **oy** → *moyen*	**oi** → *moi* **oin** → *moins*
[ɥ]	**u** → *nuit, duel*	

	Consonnes	
[p]	**p** → *peur*	**pp** → *appareil*
[t]	**t** → *tortue* **th** → *théâtre*	**tt** → *assiette*
[k]	**c** devant *a, o* ou *u* → *collège* **c** devant consonne → *crêpe* **ch** → *techno* **qu** → *musique* **ck** → *racket*	**q** → *cinq* **k** → *kilo* **cc** → *occasion*
[b]	**b** → *bon*	
[d]	**d** → *dessin*	**dd** → *addition*
[g]	**g** devant *a, o* ou *u* → *garage* **g** devant consonne → *gris* **gh** → *spaghetti*	
[f]	**f** → *fleur* **ph** → *pharmacie*	**ff** → *effrayant*
[s]	**s** → *salut, penser* **c** devant e ou *i* → *cinéma* **ç** → *leçon* **sc** → *piscine*	**ss** → *ruisseau* **ti** → *promotion* **x** → *six, dix*
[ʃ]	**ch** → *chat* **sch** → *schéma*	**sh** → *tee-shirt*
[v]	**v** → *ville*	**w** → *wagon*
[z]	**s** entre deux voyelles → *rose* **z** → *onze, zoo* **s** et **x** de liaison → *les‿amis, deux‿enfants*	**x** → *sixième*
[ʒ]	**j** → *jardin* **g** devant *e, i* ou *y* → *gymnase* **ge** devant a, *o* ou *u* → *nous mangeons*	
[l]	**l** → *lac*	**ll** → *mille*
[ʀ]	**r** → *robe*	**rr** → *horrible*
[m]	**m** → *matin*	**mm** → *comme*
[n]	**n** → *nature* **mn** → *automne*	**nn** → *donner*
[ɲ]	**gn** → *montagne*	
[nj]	**ni** → *panier*	
[ŋ]	**ng** → *ping-pong*	

LEÇON 1

Activité 1 :

6h10 Il est six heures dix.
6h15 Il est six heures quinze/ Il est six heures et quart.
6h20 Il est six heures vingt.
6h25 Il est six heures vingt-cinq.
6h30 Il est six heures trente/et demie.
6h35 Il est six heures trente-cinq/ Il est sept heures moins vingt-cinq.
6h40 Il est six heures quarante/ Il est sept heures moins vingt.
6h45 Il est six heures quarante-cinq/ Il est sept heures moins le quart.
6h50 Il est six heures cinquante/ Il est sept heures moins dix.
6h55 Il est six heures cinquante-cinq/ Il est sept heures moins cinq.

Activité 2 :

													[1] H
							[1] M	A	T	I	N	É	E
													U
							[2] S	[2] A	B	L	I	E	R
								P					E
					[3] J	O	U	R	N	É	E		
					O			È				[6] N	
					U			S				U	
					R			[4] M	I	N	U	I	T
				[4] C				I				T	
				[6] A	G	E	N	D	A				
				L				I					
				E									
		[7] M	I	N	U	T	E						
				D									
				R			[5] S	O	I	R			
[8] A	I	G	U	I	L	L	E						
				E			[9] C	A	D	R	A	N	
[10] M	O	N	T	R	E		O						
							N						
					[11] M	I	D	I					
							E						
							S						

Activité 3 :

Il est cinq heures vingt-cinq.
Il est sept heures trente/ Il est sept heures et demie.
Il est neuf heures quinze/ Il est neuf heures et quart.
Il est midi.
Il est quatorze heures dix.
Il est dix-sept heures quarante-cinq.
Il est vingt et une heures trente-cinq.
Il est vingt-trois heures cinquante-cinq/ Il est minuit moins cinq.

Activité 4 :

Brazzaville ; Montréal ; Bruxelles ; Kinshasa

Activité 5 :

Toronto ; Bénin ; Bombay ; Tunis

Activité 6 :

Un jeu télévisé ; Une série policière ; Une émission pour les enfants ; Une comédie ; Un documentaire ; Une série pour les ados ; Un film de science-fiction.

LEÇON 2

Activité 1 :

Je me lève.
Je me lave et (je) me brosse les dents.
Je m'habille.
Il est minuit trente.
Je sors du travail.
Il est trois heures quinze/et quart.
Je rentre à la maison.
Il est quatre heures quarante/cinq heures moins dix.
Je me couche et je dors.

Activité 3 :

										[4] M			[6] G	
										I			O	
					[2] B	E	U	R	R	E			Û	
					A					[1] L	A	I	T	
			[3] L	E	G	U	M	E	S				E	
					U								R	
	[4] R	O	Q	U	E	F	[3] O	R	T					
					T		M					[5] F		
					T		E					R		
[5] S	A	L	A	[1] D	E		L					I		
				É		[6] D	E	S	S	E	R	T		
				J			T					E		
				E			T		[7] J			S		
				U			[7] E	A	U					
	[8] P	A	I	N					S					
				E										
[9] D	I	N	E	R										

Activité 4 :

Lève-toi ! Dépêche-toi ! Prends ! Ne regarde pas ! Brosse-toi ! Habille-toi !

Activité 5 :

Je ne prends pas une douche mais je prends un bain ; Je ne prends pas du café, du pain avec du beurre, mais je prends un jus d'orange et un croissant… ; Je ne me promène pas dans le parc, mais je regarde la télévision… ; je ne fais pas mes devoirs mais je vais chez des amis… ; Je ne me couche pas à 20h30, mais à 22h…

Activité 6 :

Utilise ; Mange ; N'abuse pas ; Offre-toi ; Prends ; Méfie-toi ; Bois ; Ne mange pas ; Surveille.

LEÇON 3

Activité 1 :

des fruits et des légumes/la vaisselle ; Un liquide ; des pommes de terre/des oignons; des oignons; les œufs dans un bol ; dans un four ; du sel ; la vaisselle.

Activité 2 :

4 œufs ; un demi-litre de lait, une pincée de sel ; 50 grammes de beurre; un sachet de sucre vanillé

Activité 3 :

2d ; 3c ; 4a ; 5b

Activité 4 :

Il fait chaud – E ; Il pleut- D ; Il fait froid – A ; Il fait beau –B ; Il neige - C.

Activité 5 :

2-C ; 3-A ; 4-B.

Activité 6 :

Je vais aller à la plage ; Je vais manger des glaces ; Je vais aller faire du ski ; Je vais rester à la maison et je vais regarder la télé/je ne sors pas de la maison ; Je vais rester à la maison et je vais regarder la télé/je ne sors pas de la maison ; Je vais prendre un parapluie.

Activité 7 :

Il attendra – attendre ; Ils seront – être ; Elles s'habilleront – s'habiller ; vous boirez – boire ; tu dormiras – dormir ; j'enverrai – envoyer ; vous comprendrez- comprendre ; elle saura – savoir ; ils verront - voir

Activité 8 :

								1 A	U	R	A	5 I		
												R		
												E		
					2 P	A	R	T	I	R	E	Z		
					O									
					U									
			3 V	E	R	R	O	N	3 S					
					R				E					
					A				R		4 M			
	4 S	E	R	A	S				V		A			
									R		N			
				1 É					A		G			
				C					I		E			
				R							R			
				I				5 D	I	R	O	N	S	
				R							N			
6 C	O	M	M	E	N	C	E	R	O	N	T			
				Z										

Activité 9 :
visiterons ; découvrirons ; irons ; verrons ; explorerons ; partirons ; nous rendrons ; admirons ; enverrai ; n'oublierai pas ;

Activité 10 :

1. a. Faux ; b. Faux ; c.Faux ; d.Vrai ; e. Vrai
2. a. petits plats ; b. donne ; c.nous nous promènerons ; d. assistant d'anglais ; e. plairont

LEÇON 4

Activité 1 :
1-C ; 2-G ; 3-D/E; 4 – A ; 5- B ; 6 –D/E ; 7 – H ; 8 – F.

Activité 2 :
1 – F; 2. C ; 3 – D/E ; 4 – A ; 5 – B ; 6 – D/E ; 7 – H ; 8 – G.

Activité 3 :

1. a. Vrai ; b. Vrai ; c. Vrai d. Vrai
2. a. ii ; b. i.
3. a. j'ai mal aux dents ;
   b. informaticien ;
   c. journée ;
   d. n'ai pas le temps.

Activité 4 :

b. vont déposer ;
c. vont dîner, vont se coucher ;
d. vont prendre le petit déjeuner ;
e. va visiter ;
f. vont aller, vont passer ;
g. vont retourner ;
h. vont manger, vont déguster, vont assister.

Activité 5 :

A. se laissera ; appréciera ; commandera ; découvrira ; goûtera ; pourra.
B. visiterez ; ne devrez pas ; verrez ; offrirez ; sera ; aura ; n'oublierez ; témoignera.

Activité 6 :
Vais prendre ; vas voir ; prendras ; ce sera ; reviendras, sauras ; ne vont pas avoir ; m'enverras.

Activité 7 :
est en train de lancer ; est en train de faire voler ; sont en train de se disputer ; est en train d'écouter ; sont en train de lire ; suis en train de manger.

Activité 8 :
1 – D ; 2 – E ; 3 – B ; 4 – C ; 5 – A

Activité 9 :
a. Non, je viens d'arriver. b. Non, il vient de partir. c. Non, ils viennent de déménager. d. Non, nous venons de regarder ce film. e. Non, je viens de lire ce livre. F. Non, je viens de faire les courses.

Activité 10 :
je viens d'enregistrer ; je viens de voir ; elle vient d'avoir ; ils viennent d'annoncer.

LEÇON 5

Activité 1 :
La boulangerie : 3 baguettes ; un gâteau au chocolat.
L'épicerie : un paquet de pâtes ; un paquet de café ; 6 bouteilles d'eau minérale ; une brique/ un pack de jus de pomme.
La crémerie : 6 pots de yaourt ; une plaquette de beurre/ 500 g de beurre ; un litre de lait/une brique de lait ; 1 kilo de fromage ; une douzaine d'œufs/ 3 œufs.
Au marché : 1 kilo de pommes de terre ; 500g de tomates ; un kilo de carottes ; 6 bananes

Activité 2 :
Désir : 2, 6, 7
Politesse : 1, 3
Conseil : 4, 5

Activité 3 :
2. Je voudrais voir la carte des vins. 3. Tu pourrais me passer du sel? 4. Je voudrais commander un dessert. 5 Je voudrais l'addition.

Activité 4 :
1 – C ; 2 – E ; 3 – D ; 4 –B ; 5 – A

Activité 5 :
1 – D ; 2 – E ; 3 –F ; 4 – B ; 5 – A ; 6 –C

Activité 6 :
Préférerais ; devrais ; voudrais ; pourrais.

Activité 7 :

1. du ; du ; du ;de ;du ; de la ; des ; des ; des.
2. des ; d' ; des ; de ; de ; de ; du ; des ; du ; des ; de.

Activité 8 :
du ; une brique de lait ; du roquefort, 300g de fromage à fondue ; du, 4 œufs. 1 kilo de fraises ; de la ; une tablette de chocolat.

Activité 9 :
1. de l', le ; 2. une, une ; 3. du ; 4. une, la ; des, d' ; 5. un ; 6. de, un ; 7. des, du, des ; 8. de, de, de ;

Activité 10 :
1-C ; 2 – E ; 3 – A ; 4 –B ; 5 – D

Activité 11 :
1. Oui, j'en prends une ; 2. Oui, j'en prends ; 3. Oui, j'en prends un/ Oui, j'en prends ; 4. Oui j'en prends une. 5. Oui, j'en prends.

Activité 12 :

2 a. Oui, j'en mets.
  b. Non, je n'en mets pas.
3 a. Oui, j'en mange.
  b. Non, je n'en mange pas.
4 a. Oui, j'en bois.
  b. Non, je n'en bois pas.

Activité 13 :
b. demandez-en ; c. reprends-en ; d. donnes-en ;
e. ajoutes-en/ajoutez-en.

Activité 14 :
1. me ; 2. te ; 3. l' ; 4. la ; 5. nous ; 6. vous ; 7. les ; 8. les

Activité 15 :
m' ; m' ; me ; m'.

Activité 16 :
2. je te respecte. 3. je t'écoute. 4. je t'invite toujours. 5. je te trouve sympa. 6. je ne t'aime pas.

Activité 17 :
t' ; te ; te ; me ; me ; m' ; t' ; m'.

Activité 18 :
t' ; te ; nous ; vous ; vous ; nous ; t'.

Activité 19 :
1 –C ; 2 – A ; 3 –F ; 4 – B ; 5 – D ; 6 –E
Activité 20 :
la ; l' ; les ; la ; l' ; la ; les.
Activité 21 :
2. l' ; la ; l', la. 3. les ; les ; les ; les. 4. le ; l' ;le ; le.
Activité 22 :
t', t' ; les ; les ; me, les.
Activité 23 :
1 – D ; 2 – F ; 3 – G ; 4 – B ; 5 – C ; 6 – A ; 7 – E.
Activité 24 :
Tu dois l'acheter mardi ; Achète-le mardi ! Ne l'achète pas mardi !
Tu dois l'apporter à la laverie mercredi ; Apporte-le à la laverie mercredi ! Ne l'apporte pas à la laverie mercredi !
Tu dois les inviter jeudi. Invite-les jeudi ! Ne les invite pas jeudi !
Tu dois l'appeler vendredi. Appelle-la vendredi ! Ne l'appelle pas vendredi !
Tu dois la ranger. Range- la ! Ne la range pas !
Tu dois les faire samedi. Fais-les samedi ! Ne les fais pas samedi !
Tu dois le prendre dimanche. Prends-le dimanche ! Ne le prends pas dimanche !
Activité 25 :
2. écoute-nous ! 3. asseyez-vous ! 4. lève-toi ! 5. accompagne-moi ! 6. suivez-moi ! 7. repose-toi !
Activité 26 :

A. les ; les ; les ; la ; la ; l'.
B. l' ; la ;l' ; les ; les ; les.

LEÇON 6

Activité 1 :

1. Faux ; 2. Faux ; 3. Vrai ; 4. Vrai ; 5. Faux

Activité 2 :

1. un pourboire ; 2. libre ; 3. sont au lit. 4. a la plage ; 5. as de la chance

Activité 3 :

					[1]A	C	H	E	T	[2]É				
[3]C	H	O	I	S	I					C				
					M		[4]R	É	P	O	N	[5]D	U	
	[6]M	[7]A	N	G	É					U		E		
		T								T		S		[8]S
		T			[9]V	I	S	I	T	É		S		A
		E									[10]F	I	N	I
[11]V	E	N	D	U								N		S
		D				[12]C	H	E	[13]R	C	H	É		I
[14]J	O	U	É						E					
									G					
							[15]C	H	A	N	T	É		
									R					
									[16]D	A	N	S	É	
	[17]T	R	A	V	A	I	L	L	É					

Activité 4 :
regardé ; fait ; pris ; découvert ; vu ; goûté ; envoyé ; acheté.
Activité 5 :
1 –E ; 2 – F ; 3 –B ; 4 –A ; 5 –D ; 6 – C
Activité 6 :
Mathilde a lu 365 livres.
Thierry a travaillé dans un ONG.
Ma sœur a écrit un roman.
J'ai voyagé en France.
Activité 7 :
avons nettoyé ; avons fait ; a balayé ; ont repassé ; nous avons ciré; ont lavé.

Activité 8 :
a su ; a construit ; a introduit ; ont inventé ; ont mis ; a traversé ; ont reçu.
Activité 9 :
ont construit ; ont participé ; ont organisé ; ont découvert ; ils ont crée ; avons réalisé ; a répondu ; a écrit.
Activité 10 :
b. ont collecté ; c. a dépensé ; d. a vu ; e. a acheté.
Activité 11 :
b. j'ai attendu ; c. j'ai pris ; d. j'ai entendu ; e. j'ai mis ; f. j'ai perdu ; g. j'ai appris.
Activité 12 :
Il ne met pas les coudes sur la table. Il ne souffle pas dans la soupe. Il ne chante pas à table. Il n'aspire pas les spaghettis. Il ne noue pas sa serviette autour du cou.
Activité 13 :
1-D ; 2-E ; 3-A ; 4-C ; 5 – B.
Activité 14 :
2. Non, je n'ai rencontré personne. 3. Non, elles n'ont pas fini l'exercice. 4. Non, je n'ai rien fait. 5. Non, je n'ai appelé personne.
Activité 15 :
2 Virginie ne se lève jamais tôt le matin. 3. Nous n'avons rien mangé chez les parents de mon fiancé. 4. Léon ne veut jamais aller en discothèque. 5. N'écoutez pas ce que dit Pierre.
Activité 16 :
2. Non, personne ne m'a parlé. 3. Non personne ne m'a menacée. 4. Non, il ne manque rien. 5. Non, personne n'habite au-dessus de chez moi. 6. Non, je ne cache rien.
Activité 17 :
2. Virginie sort jamais. 3 Virginie ne s'intéresse à rien.4. Virginie ne parle à personne. 5. Virginie ne fait jamais la cuisine.
Activité 18.
2. Non merci, je ne bois jamais de coca. 3. Non merci, je ne veux rien. 4. Non, je n'en ai pas.. 5. Non, elle ne voit personne.

LEÇON 7

Activité 1 :
Sorti ; entré ; descendu ; venu ; allé ; parti ; monté ; tombé ; mort.
Activité 2 :
avons ; avons ; avons ; a ; a ; ai ; sont ; as .
Activité 3 :
2. descendue ; 3. arrivé ; 4. partis ; 5. revenus.
Activité 4 :
partie ; voulu ; pris ; entrée ; restée ; payé ; sortie ; arrivée ; fait ; retournée.
Activité 5 :
vécu ; retournée ; épousé ; eu ; réalisé ; reçu ; morte.
Activité 6 :
Victor Hugo : est devenu ; a été ; est entré.
Molière : a écrit ; a fait ; est mort.
Antoine de Saint-Exupéry : est né ; est monté ; a passé ; a écrit ; a rendu ; est mort.
Marcel Marceau : a développé ; a décidé ; a découvert ; a crée ; a fait ; a connu ; a fondé ; est mort.
Zinédine Zidane : a fait ; est devenu ; a joué ; a terminé ; a arrêté ; s'est investi.
Activité 7 :
est venue ; sont arrivés ; sont montés ; est entré ; est parti ; a eu ; est resté ; a rencontré ; est sorti ; se sont mariés ; a ouvert.
Activité 8 :
ai réveillé ; a préparé ; a fait ; se sont habillés ; sommes montés ; a fermé ; sommes partis ; sommes revenus.

Activité 9 :
1. a. Vrai ; b. Vrai ; c. Vrai ; d. Vrai ; e. Vrai ; f. Vrai
2. a. i ; b. ii ; c. iii.

Activité 10 :
1-E ; 2-C ; 3-D ; 4-F ; 5 – B ; 6-A

Activité 11 :
de l' ; une ; un ; un ;une ; des ; de la ; du ; de ; de ;un ; un ; de ; d' ; de ; de.

Activité 12 :
de ; les ; de ; d' ; le.

Activité 13 :
n'a pas de ; il ne vit plus ; personne ne l'ennuie ; rien ne le préoccupe ; il n'est jamais ; il ne cache rien ; n'a pas de projets ;

Activité 14 :
Non, elle n'a pas freiné ; Non, je ne suis pas tombée ; Non je n'ai pas noté son numéro ; Non il n'y a eu personne/d'autres témoins ; Non je ne l'ai pas reconnu ; Non je n'ai rien remarqué ; Non je ne peux pas la décrire/ décrire la voiture.

LEÇON 8

Activité 1 :
1 – E ; 2 – F ; 3-G ; 4 – B ; 5 –C ; 6 –D ; 7 –A

Activité 2 :

														[4]N					
														E					
														R					
												[4]B	A	V	A	[5]R	D	E	
														E		A			
							[2]G							U		P			
							[3]E	N	N	U	Y	E	U	X		I			
							N									D			
							[2]T	R	I	S	T	[3]E				E			
							I					X							
							L					U							
[1]T	R	A	V	A	I	L	L	E	U	R		B							
R							E					É							
A												R							
N												A							
Q												N							
U												[5]T	I	M	I	D	E		
[6]I	M	P	O	L	I														
L																			
L																			
E																			

Activité 3 :
Triste ; calme ; tranquille ;passive ; lente ; adorable ; poli ; optimiste.

Activité 5 :
1. a. Vrai ; b. Faux ; c. Vrai ; d. Vrai ; e. Vrai
2. a. poli et cultivé ; b. est agressive ; c. mémère ; d. gentille ; e. fait des études.

Activité 6 :
b. t' ; c. lui ; d. lui ; e. nous ; f. vous ; g. leur ; h. leur ; l. te.

Activité 7 :
au professeur ; aux enfants ;à un voyageur dans un avion ; au serveur.

Activité 8 :
1 – C ; 2 –D ; 3 –E ; 4 –B ; 5 –A.

Activité 9 :
Non, je ne vais pas leur téléphoner ; Oui, je vais leur envoyer des méls ; Oui, je vais lui offrir des cadeaux.

Activité 10 :
2. lui. 3. lui ; 4. leur ; 5. lui ; 6. lui ; 7. t', lui.

Activité 11 :
lui ; lui, m', lui ; leur ; m' nous ; nous ; m' t' ; me.

Activité 12 :
me ; leur ; lui ; leur ; leur ; vous ; te.

Activité 13 :
2.Écris-leur !3. Apporte-lui des fleurs pour son anniversaire ! 4. Ne lui parlons pas ! 5. Envoyez- leur de l'argent ! 6. Conseillez-leur ce dictionnaire !

Activité 14 :
2. Ne leur faites pas confiance ! 3. Ne leur dites pas tout sur votre travail ! 4. Ne leur donnez pas une réponse définitive !5. Ne nous répète pas/ne nous répétez pas la même chose. 6. Ne leur raconte pas des bêtises !

Activité 15 :
2. toi ; 3. eux ; 4. vous ; 5 ; Eux ;elles ; 6. Moi.

Activité 16 :
moi ; elle, moi.

Activité 18 :
toi ; moi ; elles ; elle, elle ; nous,eux ; elle, eux.

Activité 19 :
elle ; lui ; eux ; lui ; lui ; lui.